工商管理丛书

本书获得国家自然科学基金项目（71772062、71302040）支持

中国企业国内跨地区经营研究

——地区经营环境差异的视角

A STUDY ON CHINESE FIRMS' REGIONAL DIVERSIFICATION WITHIN CHINA

— THE PERSPECTIVE OF REGIONAL DIFFERENCES IN BUSINESS ENVIRONMENT

宋渊洋 ◎ 著

经济管理出版社
ECONOMY & MANAGEMENT PUBLISHING HOUSE

图书在版编目（CIP）数据

中国企业国内跨地区经营研究：地区经营环境差异的视角/宋渊洋著．—北京：经济管理出版社，2020.4
ISBN 978－7－5096－7085－9

Ⅰ.①中… Ⅱ.①宋… Ⅲ.①企业经营管理—研究—中国 ②企业战略—研究—中国 Ⅳ.①F279.23

中国版本图书馆 CIP 数据核字(2020)第 065299 号

组稿编辑：杜 菲
责任编辑：杜 菲
责任印制：黄章平
责任校对：王淑卿

出版发行：经济管理出版社
（北京市海淀区北蜂窝 8 号中雅大厦 A 座 11 层 100038）
网 址：www. E－mp. com. cn
电 话：（010）51915602
印 刷：三河市延风印装有限公司
经 销：新华书店
开 本：710mm×1000mm/16
印 张：15
字 数：245 千字
版 次：2020 年 5 月第 1 版 2020 年 5 月第 1 次印刷
书 号：ISBN 978－7－5096－7085－9
定 价：78.00 元

前　言

改革开放以后，随着中国经济持续高速增长，国内市场规模日渐扩大，国内市场对中国企业的重要性与日俱增。如何开发和利用国内市场以实现可持续成长是中国企业面临的重大机遇和挑战。在理论上，中国企业可以通过跨地区经营充分开发各地区的市场需求，利用中国大市场优势做大做强。然而，从企业实践来看，中国企业在国内跨地区经营方面表现较差，大部分企业仍然是区域性极强的地区性企业。那么，是什么因素阻碍中国企业开展国内跨地区经营，导致企业难以利用中国大市场的优势做大做强？

目前，理论界侧重研究企业跨国经营，对企业国内跨地区经营研究较少，导致相关研究难以从理论上为企业国内跨地区经营实践提供指导。从政府政策的角度来看，国家和地区政策也侧重于支持企业跨国经营，对削减企业国内跨地区经营的壁垒关注较少。以上两方面的原因导致企业开展国内跨地区经营既缺乏相应的理论基础，又缺乏强有力的政策支持。在这样的背景下，对中国企业国内跨地区经营进行更多研究，不仅可以拓展企业跨地区经营理论，而且有助于唤起政府、理论界和实践界对企业国内跨地区经营的重视。

本书基于制度基础观对中国企业国内跨地区经营的影响因素进行了初步探讨，希望有助于推动企业国内跨地区经营研究、企业实践和政府政策制定的发展。由于中国各地区在非正式制度、制度执行特征和地区性正式制度等方面有较大差异，各地区的经营环境有较大差异。地区间的经营环境差异加大了企业国内跨地区经营的成本和风险，是中国企业国内跨地区经营最为重要的障碍之一。本书通过分析地区经营环境差异对企业合法性、经营成本和制度套利的影响，构建了经营环境差异—企业国内跨地区经营战略—企业国内跨地区经营绩效的影响机理模型，从理论上对地区经营环境差异与企业国内跨地区经营之间的关系进行了深入的理论分析。

本书进一步收集中国证券企业的国内跨地区经营数据进行实证分析，得到如下研究结论。首先，目标市场与企业总部所在地在经营环境方面的差异的确阻碍了中国企业国内跨地区经营。具体而言，目标市场与企业总部所在地的经营环境差异越大，企业越不会在目标市场开展跨地区经营，在目标市场的跨地区经营绩效越差。其次，地区间经营环境差异对企业跨地区经营战略和跨地区经营绩效的影响与目标市场的经营环境的相对发展水平有关。在目标市场与企业总部经营环境差异相同的情况下，企业从经营环境好的地区到经营环境差的地区开展经营的难度远高于从经营环境差的地区到经营环境好的地区开展经营的难度。最后，企业以往的国内跨地区经营经验越丰富，越善于克服地区经营环境差异对国内跨地区经营的阻碍，使地区间经营环境差异对企业国内跨地区经营战略和国内跨地区经营绩效的负向影响越小。

本书从经营环境差异这一视角揭示了中国企业在国内跨地区经营方面面临的障碍，不仅丰富和拓展了企业跨地区经营理论，而且对企业和政府决策有重要启示。对企业而言，在进行国内跨地区经营时，首先，要优先进入经营环境差异小的地区，以降低经营环境差异对企业国内跨地区经营的负向影响。其次，当企业总部所在地的经营环境好于目标市场时，企业更要注意规避经营环境差异可能带来的负向影响，奉行更为保守的跨地区经营战略。最后，企业应当循序渐进地开展国内跨地区经营，以积累跨地区经营经验，并利用跨地区经营经验弱化经营环境差异对企业国内跨地区经营的负向影响。

本书的结论对政府决策也有重要启示。目前，各级政府和世界银行等国际机构推行的政策的重点是改善本地的经营环境，以吸引外地企业到本地投资。这种政策的出发点是本地经营环境越好，外地企业越倾向于到本地经营。与之不同，本书表明为吸引外地企业到本地发展，地方政府不仅要优化本地经营环境，更要注意降低本地经营环境与要吸引的企业所在地的经营环境的差异，以降低外地企业在本地经营的不确定性和成本。因此，为优化地区经营环境提供了明确的方向和着力点，有重要实践意义。

近年来，学界关于中国企业国内跨地区经营的研究开始增加，但研究数量偏少，总体上我们对于中国企业国内跨地区经营的认识还有待拓展和深化。另外，企业国内跨地区经营并不是中国特有的现象。对于像中国一样幅员辽阔和国内差异大的国家，企业国内跨地区经营都是值得探讨的问题。因此，不仅可以研究中国企业国内跨地区经营，而且可以关注其他国家企业的国内跨地区经营，并进行跨国比较。这些研究的开展不仅可以丰富我们对企业国内跨地区经营的认识，而且对传统关注企业跨国经营的研究形成补充，从而描绘一幅更为全面和宏大的企业在全球进行地域扩张的理论图景。

在这种意义上，企业国内跨地区经营仍然是一个方兴未艾的重要研究领域。由于中国是世界上幅员最为辽阔和地域差异最大的国家之一，以及中国企业的国内跨地区经营数据极为丰富，中国学者在研究企业国内跨地区经营方面有得天独厚的优势。因此，期待将来有更多的中国学者关注企业国内跨地区经营，基于中国独特的研究场景拓展企业跨地区经营理论，为管理理论发展做出贡献。这方面研究的进一步开展还可以为中国企业跨地区经营决策和政府制定相关政策奠定理论基础，有助于促进中国企业的全球竞争优势的提升，为中国经济可持续增长奠定微观基础。

宋渊洋

2019 年 10 月 31 日于上海

目　录

第一章
导 论

一、选题背景和研究意义

（一）选题背景

改革开放以来，投资、出口和消费成为拉动中国经济持续增长的“三驾马车”。其中，投资和出口发挥的作用尤为突出，消费由于增长速度缓慢在拉动中国经济增长中发挥的作用相对较小。2018年以来，随着中美贸易争端的爆发，出口对经济增长的拉动作用有下降趋势。另外，随着中国劳动力等成本的持续攀升和越南等低成本生产国的相继崛起，中国出口商品在全球的价格优势越来越小。在这种情况下，中国正试图通过经济转型推动经济持续增长，而扩大国内消费是经济转型的重要战略之一。该战略试图通过提升国内消费拉动经济增长，以降低中国经济增长对国外市场的依赖程度。

近年来，促进国内消费已经成为中国最为重要的经济政策之一，这可以从中央的相关文件体现出来。例如，2016年颁布的《中华人民共和国国民经济和社会发展第十三个五年规划纲要》明确指出要“不断增强消费拉动经济的基础作用。增强消费能力，改善大众消费预期，挖掘农村消费潜力，着力扩大居民消费”。2017 年 10 月，习近平在党的十九大报告中进一步强调要“完善促进消费的体制机制，增强消费对经济发展的基础性作用”。可见，扩大国内消费已经得到党和国家前所未有的重视。

随着扩大国内消费的政策不断出台，中国企业将面临重大历史机遇：即国内市场需求的持续上升。在这一背景下，中国企业完全可以借助国内市场需求扩大的历史机遇实现新一轮的成长，这是因为国内市场需求扩大在很大程度上意味着国内市场规模扩大，而国内市场规模对企业的竞争力至关重要。一般而言，位于较大本土市场的国家的企业比位于较小本土市场的国家的企业有多方面优势，包括更好的要素条件、更好的需求条件、更为完善的相关和支持产业等（Porter，1998a）。因此，如果中国企业能充分利用中国大市场和国内市场需求上升的优势，就能在很大程度上比本土市场狭小国家的企业拥有更强的竞争优势（宋渊洋和单蒙蒙，2013；宋渊洋和黄礼伟，2014）。

要充分利用各地区的资源和市场机会，进行跨地区经营是非常重要的一步。然而，从目前情况来看，中国企业在国内跨地区经营方面表现较差（宋渊洋和黄礼伟，2014）。中国企业的产品大多在本区域的市场范围销售，以较为常见的消费品如香烟、啤酒、牛奶等来看，各个地区都有一些地方特色浓厚的产品，真正全国性的企业较少。从企业营业收入的地区分布来看，大部分中国企业的营业收入集中在少数区域（特别是总部所在城市或省份），是地方色彩浓厚的地区性企业。中国著名啤酒制造企业青岛啤酒是其中的典型代表，其 2018 年营业收入的地区分布如表 1－1 所示。

表 1－1　2018 年青岛啤酒营业收入地区分布

地区	营业收入（万元）	占比（%）
山东	1692613.40	55.12
华北	592655.40	19.30

续表

地区	营业收入（万元）	占比（%）
华南	316434.30	10.31
华东	291063.80	9.48
东南	77607.80	2.53
其他	100224.52	3.26

资料来源：Wind 资讯。

从表 1－1 可以看出，青岛啤酒的营业收入主要来自山东，比重为 55.12%，其他地区营业收入占比相对较少，其中来自华东和东南地区的营业收入分别占总收入的比重为 9.48% 和 2.53%，说明青岛啤酒在全国进行跨地区经营还有较大空间。青岛啤酒在国内跨地区经营方面表现较差是中国制造企业在国内跨地区经营方面表现较差的一个缩影，这种现象具有较强的普遍性，并且在服务企业更为明显。以医药零售企业为例，2018 年上海著名医药零售企业第一医药的营业收入的地区分布如表 1－2 所示。第一医药持有“第一医药”、“汇丰医药”和“崇明医药”三大商誉品牌，拥有大型医药零售旗舰店“上海第一医药商店”，同时还拥有一批著名的专业药店，如“冠心药房”以及百年老字号特色药房，如“五洲大药房”和“老德记药房”等。

表 1－2　2018 年第一医药营业收入地区分布

地区	营业收入（万元）	占比（%）
上海	112154.44	95.32
其他	5512.14	4.68

资料来源：Wind 资讯。

从表 1－2 可以看出，2018 年第一医药 95.32% 的营业收入来自上海本地，来自其他地区的营业收入仅占 4.68%。第一医药是一家著名的医药零售企业，其在跨地区经营方面表现尚且如此，足见医药零售企业在跨地区经营方面也表现较差。服务企业在国内跨地区经营方面表现较差不仅存在于医药零售行业，而且广泛存在于其他服务行业（如证券业）。例如，兴业证券2018年营业收入的地区分布如表1－3所示。

表1－3　2018年兴业证券营业收入地区分布

地区	营业收入（万元）	占比（%）
福建	593629.69	91.34
上海	17413.11	2.68
广东	6697.86	1.03
浙江	4922.86	0.76
北京	3462.42	0.53
山东	2864.73	0.44
江苏	2479.41	0.38
其他	18467.22	2.84

资料来源：Wind资讯。

表1－3表明，兴业证券91.34%的营业收入来自福建，2.68%的营业收入来自上海，来自其他省份的营业收入占比很小，均在2%以下，在山西和河南等大部分省份的营业收入占比接近0%。因此，兴业证券在国内跨地区经营方面表现较差，总体上还处于国内跨地区经营的初级阶段。值得指出的是，兴业证券并不是一个个例，与兴业证券类似的企业在证券业广泛存在。例如，山西证券2018年在各个省份的营业收入及营业收入占总收入的比重如表1－4所示。

表1－4　2018年山西证券营业收入地区分布

地区	营业收入（万元）	占比（%）
山西	676209.78	98.69
上海	2325.39	0.34
北京	1379.68	0.20

续表

地区	营业收入（万元）	占比（%）
广东	802.78	0.12
陕西	654.47	0.10
浙江	642.79	0.09
山东	513.00	0.07
河北	411.99	0.06
河南	406.94	0.06
其他	1853.16	0.27

资料来源：Wind 资讯。

由表 1－4 可知，2018 年山西证券在山西的营业收入为 67.62 亿元，占营业总收入的比重高达 98.69%，在其他省份的营业收入占总收入的比重均低于 1%。以上数据充分说明山西证券在国内跨地区经营方面表现较差。进一步分析其他证券企业可以发现，在国内跨地区经营方面表现较差是证券业普遍存在的现象，证券企业大多是区域性极强的企业。

综上所述，中国企业在国内跨地区经营方面表现较差。那么是什么因素导致企业难以很好地利用巨大的国内市场进行跨地区经营呢？无疑，企业跨地区经营要考虑成本和收益。在跨地区经营时，地理距离增加带来的交通等成本上升是构成成本的一个方面。然而，更为重要的是地区经营环境差异带来的跨地区交易成本和管理难度的提升。

从制度基础观的视角来看，各地区经营环境的差异会对企业跨地区经营产生两方面影响。一方面，经营环境差异加大了企业跨地区经营的交易成本（宋渊洋和李元旭，2013；宋渊洋和黄礼伟，2014）。地区之间的经营环境差异越大，企业越需要花更多的时间和精力熟悉各个地区的经营环境，并且要更多地承担违背地区性经营规则带来的高额成本。另一方面，各个地区的经营环境差异加大了企业管理成本（宋渊洋，2015）。当地区之间经营环境差异大时（如地区文化和习俗），员工的行为方式以及整个商业的运作方式均会出现较大差异，导致企业管理分散在各个地区的子公司的难度上升，管理成本相应上升。

因此，地区间的经营环境差异提高了中国企业国内跨地区经营的成本，是企业国内跨地区经营最为重要的障碍之一（宋渊洋和黄礼伟，2014；宋渊洋，2015）。然而，现有研究对中国企业国内跨地区经营探讨较少，更没有研究从各个地区经营环境差异的视角揭示中国企业国内跨地区经营面临的问题和对策。因此，本书试图基于制度基础观探讨中国各个地区之间的经营环境差异对中国企业国内跨地区经营战略和绩效的影响。对上述问题的深入探讨可以为中国企业国内跨地区经营战略选择和绩效提升提供参考，也可以为政府相关决策提供建议。

（二）研究意义

本书基于制度基础观，探讨地区之间经营环境差异对中国企业国内跨地区经营战略和跨地区经营绩效的影响。本书的理论意义主要体现在以下几个方面：

（1）对中国企业国内跨地区经营进行探索性研究，让学界对中国企业国内跨地区经营的现状有更为深入的了解。同时，希望通过本书研究和后续相关研究唤起学术界对企业国内跨地区经营现象的关注，从而拓展企业跨地区经营的研究范围。

（2）基于理论和实证分析深入探讨经营环境差异对企业国内跨地区经营战略和绩效的影响机理，构建并基于实证数据检验经营环境差异与企业国内跨地区经营战略和绩效的理论模型，包括经营环境差异对跨地区经营战略和绩效的直接作用、跨地区经营战略的中介作用、经营环境相对发展水平和跨地区经营经验的调节作用等。上述探讨将推动制度基础观的发展，也有助于将制度基础观应用到企业国内跨地区经营这一新的研究领域，从而拓展制度基础观的研究范围。另外，与现有研究大多以西方发达国家企业为研究对象不同，本书能为制度基础观提供来自新兴市场国家服务业的经验证据。

（3）开发出一套中国各地区经营环境的全面测量体系，包括经济、金融、创新和文化维度，并计算各个地区在各个制度维度的得分。目前，现有研究尚没有开发出测量中国各个地区经营环境的系统测量方法，相关研究主要依赖樊纲等（2011）的市场化指数来测量各个地区的经营环境（Li等，2006；Wen，2007；Firth 等，2009；Gao 等，2009；Hornstein，2011；宋渊洋和刘勰，2015）。值得指出的是，市场化指数旨在测量各个地区的市场化进程，其目的不在于测量经营环境。从测量内容来看，市场化指数偏重测量各地区市场的发育程度和经济的市场化程度，对其他经营环境维度测量较少，更没有测量文化等非正式经营环境。针对市场化指数的不足，本书开发出各个地区经营环境的系统测量方法，以为本书和后续关注中国经营环境对企业经营产生影响的研究奠定基础。

（4）拓展现有经营环境差异的相关研究。目前，有关经营环境差异的研究主要集中在国际商务领域，侧重探讨国家之间的经营环境差异对企业跨国经营进入模式、绩效和跨国并购的影响（Ghemawat，2001；Ramsey，2005；Phillips 等，2009；Bae 和 Salomon，2010；Chao 和 Kumar，2010；Dikova等，2010；Schwens 等，2011；Hernández 等，2018；张瑞良，2018；Gu 等，2019；杨忠敏等，2019）。本书把国内跨地区经营引入经营环境差异的相关研究中，探讨经营环境差异对企业国内跨地区经营的影响，将在很大程度上拓展目前经营环境差异的相关研究。本书还进一步检验经营环境差异研究视角对解释新兴市场服务企业国内跨地区经营现象的适用性，将极大地拓展企业跨地区经营相关研究。

除了上述理论意义，本书还有如下实践意义：

（1）关注企业国内跨地区经营现象，让实践界对企业国内跨地区经营现象给予更多关注，提高对企业国内跨地区经营的认识。目前，受国际主流研究关注企业跨国经营的影响，国内外相关研究集中于探讨企业跨国经营（宋渊洋和李元旭，2010；宋渊洋等，2011；李璐男和李志萍，2017；Hernández 等，2018；Trapczyński 等，2019；杨忠敏等，2019），在企业实践方面也是高度关注跨国经营而忽视国内跨地区经营。随着国内市场重要性的不断上升，国内跨地区经营对企业的重要性不断提高，因此需要在理论上进行探讨，以为实践界提供理论指导。

（2）对各地区经营环境进行系统测量，为企业国内跨地区经营的区位和战略选择提供参考。目前，较少研究对中国各个地区的经营环境进行系统测量（宋渊洋和刘勰，2015）。由于缺乏系统测量各个地区经营环境的指标和数据，企业在国内跨地区经营过程中对各个地区经营环境的评估极为困难。本书基于现有研究设计科学合理的经营环境测量指标，并基于相关数据对中国各个地区的经营环境和经营环境差异进行科学测量，以为国内外企业在中国跨地区经营的区位和战略选择提供参考。

（3）构建经营环境差异对企业跨地区经营战略和绩效的影响模型，揭示经营环境差异对企业跨地区经营战略和绩效的影响机理。本书对企业跨地区经营战略选择和绩效影响因素的揭示，可为企业合理选择跨地区经营战略以及政府相关决策提供重要参考。

二、基本概念界定

本书涉及的基本概念包括经营环境差异和跨地区经营，为明晰这些概念的内涵，本节对其进行界定，以为后续研究工作展开奠定基础。

（一）经营环境差异

经营环境差异也被称为经营环境距离，由 Kostova 和 Zaheer 于 1999 年在发表于 *Academy of Management Review* 上的论文中首次提出（Kostova 和 Zaheer，1999）。Kostova 和 Zaheer（1999）侧重分析不同地区在制度环境方面的差异，并把这种差异称为制度环境差异或制度距离（Institutional Distance）。与他们的定义类似，在本书中经营环境差异是指两个地区在经营环境方面表现出来的差异（宋渊洋和黄礼伟，2014）。

要界定经营环境差异就必须给出经营环境的定义。因此，还需要对经营环境做出明确界定。制度基础观认为企业经营环境是一系列制度规则的外显形式，因此倾向于通过经营环境背后的制度规则来对经营环境进行维度区分（Peng 等，2008，2009；Berry 等，2010；宋渊洋和刘勰，2015）。参照这些研究，特别是 Berry 等（2010），本书也基于经营环境背后的制度规则来区分经营环境的维度。

North（1990）认为，制度是一个社会的博弈规则，是一些人为设计的、形塑人们互动关系的约束。制度包含正式约束、非正式约束以及制度的执行特征。更进一步地，Scott（1995）提出制度包括规制维度（Regulative）、规范维度（Normative）和认知维度（Cognitive）三个维度。在后续的研究中 Scott 的定义得到了最为广泛的应用，本书对经营环境的界定和维度区分采用 Scott（1995）的定义，而经营环境差异的定义则采用 Kostova 和 Zaheer（1999）的定义。

综上所述，本书对经营环境差异的定义是：经营环境差异是两个地区在经营环境方面表现出来的差异，经营环境包含规制、规范和认知三个维度。根据 Berry 等（2010），经营环境中的规制维度还包括经济和金融等子维度。

（二）跨地区经营

按照国家税务总局的相关规定，企业在总部之外的其他地区设立二级分支机构时，该企业就在进行跨地区经营（国家税务总局，2008）。二级分支机构是指总机构对其财务、业务、人员等直接进行统一核算和管理的领取非法人营业执照的分支机构（国家税务总局，2008）。在上述规定中，中国相关部门对跨地区经营采用的是狭义界定方法。从广义上说，当企业的产品或服务跨地区流动时，企业就进行了跨地区经营。例如，一个企业通过没有直接关联的代理商将产品卖到总部以外的区域，这在狭义上不属于跨地区经营的范畴，而在广义上就属于跨地区经营的范畴。

本书主要探讨地区之间经营环境差异对企业国内跨地区经营的影响。

在中国，企业经营环境的塑造者在很大程度上是各级政府部门。在经营环境的三个维度中，规制维度包含各级政府制定的法律、法规和行政规定等，它在很大程度上是政府意志的体现。因此，为体现经营环境差异对企业跨地区经营的影响，本书对跨地区经营的界定与国家相关部门的界定保持一致，即采用狭义的定义。另外，本书在实证分析部分的研究对象是证券企业，证券企业主要通过在各个地区设立分支机构进行跨地区经营，无论从广义还是狭义的角度对跨地区经营进行界定，证券企业设立分支机构的活动均在跨地区经营的范围之内（宋渊洋，2015）。

综上所述，本书对企业跨地区经营的定义是：当企业在总部之外的某一地区设立了二级分支机构时，企业就在该地区进行了跨地区经营。对本书研究对象证券企业而言，二级分支机构就是证券营业部。

三、研究目标和方法

（一）研究目标

本书以经营环境差异作为切入点，从经营环境差异的视角探讨中国企业国内跨地区经营面临的障碍和对策。最终目标是回答：为什么有的企业在国内跨地区经营方面做得好，而有的企业做得很差？以及如何提高中国企业国内跨地区经营绩效？具体而言，本书的目标如下：

（1）描述中国企业国内跨地区经营的现状。由于现有研究对企业国内跨地区经营探讨较少，首次对证券企业的国内跨地区经营现状进行描述，揭示企业国内跨地区经营过程中存在的问题，为进一步探讨奠定现象基础。

（2）从理论和实证两个方面探讨经营环境差异影响企业国内跨地区经

营绩效的机理，构建经营环境差异→跨地区经营战略→跨地区经营绩效理论模型，为企业国内跨地区经营战略选择和绩效提升提供理论指导。

（3）构建经营环境的测量指标体系，并对中国各个省区市的经营环境进行测量，得到中国各个省区市在各个经营环境维度的得分，描绘出中国各个省区市的经营环境，并在此基础上计算各地区之间的经营环境差异，为中国企业和国外企业在中国境内的跨地区经营决策提供参考，也为政府等机构推动企业跨地区经营，提高中国企业竞争力提供政策建议。

（4）将制度基础观引入企业国内跨地区经营研究中，拓展企业跨地区经营的研究范围，将研究重点从跨国经营转移到企业国内跨地区经营。通过实证分析检验制度基础观和经营环境差异的视角对企业国内跨地区经营的解释力，为制度基础观和经营环境差异的视角提供来自新兴市场服务业的经验证据，为推动上述理论在中国的应用和发展做出贡献。

（二）研究方法

本书划分为两大部分：理论研究和实证研究。在理论研究部分，主要采用文献研究和演绎法构建经营环境差异与企业国内跨地区经营绩效的影响机理模型；在实证研究部分，主要采用回归分析方法检验理论模型和研究假设。具体而言，主要采用如下研究方法：

1. 文献研究法

通过文献研究法对经营环境差异和跨地区经营的相关研究进行系统分析，以明确研究现状、研究创新和研究意义等。文献研究法是指通过收集、鉴别和整理文献，获得对研究主题的科学认识的方法。文献研究法能帮助研究者充分利用已有研究成果，在已有研究的基础上开展进一步研究，并有助于避免开展重复研究。更进一步地，文献研究的结论还可以为后续理论模型的提出和研究假设的论证提供素材和依据。另外，为构建中国各个地区经营环境测量指标体系，本书主要通过文献研究法确定经营环境的维度和测量方法。

2. 演绎法

在文献研究的基础上，基于演绎法构建理论模型和提出研究假设。具体而言，通过演绎法分析经营环境差异对企业国内跨地区经营建立合法性、跨地区经营成本和制度套利的影响，并进一步在此基础上分析经营环境差异对企业跨地区经营战略和跨地区经营绩效的影响，以及相关变量的中介作用和调节作用。通过以上基于演绎法的分析，构建出经营环境差异—跨地区经营战略—跨地区经营绩效的影响机理模型，并提出相应的研究假设。理论模型和研究假设的提出为进一步的实证研究奠定了基础。

3. 统计分析方法

集中于探讨经营环境差异对企业国内跨地区经营绩效的影响，无论是经营环境差异的相关数据，还是国内跨地区经营的数据都难以通过问卷调查方式获得。因为，经营环境差异涉及中国各个地区和多个年份，问卷发放量大，成本极为高昂，而企业跨地区经营相关数据也难以找到合适的被调查者。因此，本书主要基于二手数据进行分析。与问卷调查相比，二手数据的优点是覆盖面广、数据质量更高。

针对本书数据的特征，主要采用如下统计分析方法：

（1）描述性统计分析方法。在回归分析之前，使用描述性统计分析方法对研究数据进行初步分析，包括样本的均值、标准差以及变量之间的Pearson相关系数等，通过上述分析能获得数据的概貌特征，并对变量之间的关系进行初步判断。

（2）多元回归分析方法。在分析自变量对因变量的影响时，主要采用多元回归分析方法，根据因变量的数值特征，主要采用Poisson回归分析和最小二乘法（OLS），通过这些方法能基于数据检验自变量对因变量的影响方向和显著性程度，对基于理论分析得到的研究假设进行实证检验。

（3）层次回归分析方法。在检验中介作用和调节作用假设时，主要采用层次回归分析方法。层次回归分析方法通过一系列的回归步骤和相应的判别条件来判断变量的中介作用和调节作用是否存在，并在此基础上对研究假设进行检验。

四、研究思路、研究内容和主要创新

（一）研究思路

本书探讨经营环境差异对企业国内跨地区经营绩效的影响，主要分为理论研究和实证研究两个部分，研究思路如图 1－1 所示。

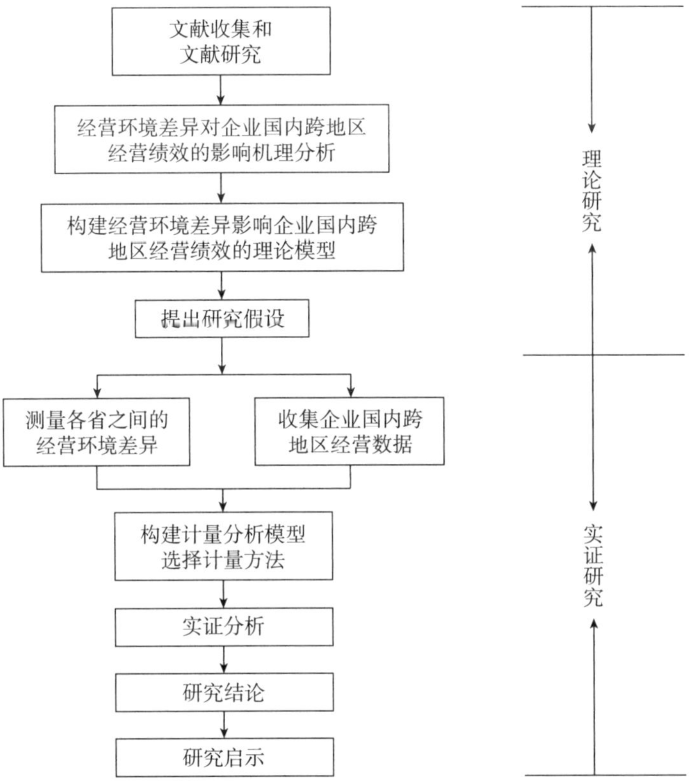

图 1－1 研究思路

在理论分析部分，首先对经营环境差异和跨地区经营的相关研究进行综述。其次基于制度基础观分析经营环境差异对企业国内跨地区经营过程中建立合法性、经营成本和制度套利的影响。最后基于上述分析建立经营环境差异影响跨地区经营绩效的理论模型，并分析跨地区经营战略的中介作用以及经营环境相对发展水平和跨地区经营经验的调节作用，梳理变量之间的内在影响过程和机理。

理论分析结束后进入实证研究部分。该部分主要通过数据库和手工收集等方式收集测量各个地区经营环境的数据，以及企业跨地区经营相关数据，并整理收集到的数据。随后根据理论模型建立计量分析模型，并利用收集到的数据检验自变量对因变量的影响方向和显著性水平以及中介效应和调节效应是否显著等。在实证分析结果的基础上进行相关讨论，指出本书的理论创新和对实践的启示，以及研究局限和未来的研究方向等。

（二）研究内容

由于中国各地区在非正式制度、制度执行特征和地区性正式制度等方面有较大差异，各地区的经营环境有较大差异（樊纲等，2011；宋渊洋和刘勰，2015）。地区间的经营环境差异加大了企业国内跨地区经营的成本和风险，是中国企业国内跨地区经营最为重要的障碍之一。因此，本书集中探讨地区间经营环境差异对中国企业国内跨地区经营绩效的影响。通过分析经营环境差异对企业合法性、经营成本和制度套利的影响，本书构建了经营环境差异→跨地区经营战略→跨地区经营绩效的影响机理模型，从理论上对经营环境差异与企业国内跨地区经营绩效的关系进行了深入分析，并提出相应的研究假设。

在理论研究的基础上，收集中国证券企业的国内跨地区经营数据，对研究假设进行实证检验。实证研究发现：①目标市场与企业总部所在地的经营环境差异越大，企业在目标市场的跨地区经营绩效越差；②经营环境差异越大，企业越不会在目标市场实施跨地区经营战略；③跨地区经营战略对跨地区经营绩效有显著的正向影响；④跨地区经营战略在经营环境差异对跨地区经营绩效的影响中有部分中介作用；⑤经营环境相对发展水平在经营环境差异对跨地区经营战略和跨地区经营绩效的影响中有调节作用，经营环境差异对跨地区经营战略和跨地区经营绩效的负向影响在经营环境相对发展水平高时更大；⑥跨地区经营经验在经营环境差异对跨地区经营战略和跨地区经营绩效的影响中有调节作用，跨地区经营经验越丰富，经营环境差异对跨地区经营战略和跨地区经营绩效的负向影响越小。

（三）主要创新

本书主要有如下创新和理论贡献：①基于制度基础观构建了经营环境差异与跨地区经营绩效的理论模型，有助于拓展制度基础观的研究范围，对制度基础观在新兴市场国家的应用和发展有重要贡献；②对跨地区经营战略的中介作用进行了理论分析和实证检验，明晰了经营环境差异对跨地区经营绩效的影响机理；③对经营环境相对发展水平和跨地区经营经验的调节作用进行了深入探讨，揭示出经营环境差异在不同条件下对跨地区经营绩效有不同影响；④开发出中国各个地区经营环境和经营环境差异的测量方法，并收集数据对各地区的经营环境和地区之间的经营环境差异进行了测量，为后续实证研究奠定了基础；⑤选择新兴市场服务企业作为研究样本，弥补了现有制度基础观相关研究对新兴市场企业和服务企业关注不够的缺陷，有助于推动制度基础观在新兴市场的应用和发展。

五、篇章结构

本书从理论和实证两个角度探讨经营环境差异对企业国内跨地区经营绩效的影响。本书分为九章，各章的研究内容如下：

第一章是导论。主要介绍选题背景和研究意义，对研究中涉及的两个基本概念：经营环境差异和国内跨地区经营进行界定，并介绍研究目标、研究方法、研究思路、研究内容和主要创新等。

第二章是文献回顾。首先，介绍研究的理论基础：制度基础观的起源和发展以及制度基础观对本研究的启示。其次，对经营环境差异和国内跨地区经营两个研究主题近年来的研究进展进行综述和评述，以明晰目前待解决的问题有哪些，以及现有研究存在哪些不足，为研究的开展指明方向。

第三章是中国地区间经营环境差异的成因和影响。首先，区分中国各个地区间经营环境差异的维度。其次，基于市场化指数描述中国地区间经营环境差异的现状。再次，从地区性正式制度、非正式制度以及制度的实施特征三个方面分析地区间经营环境差异的成因。最后，论述经营环境差异对企业跨地区经营的影响，包括提高企业经营环境复杂性和阻碍企业国内跨地区经营等。本章为进一步讨论经营环境差异对企业国内跨地区经营的影响奠定了现象和理论基础。

第四章是经营环境差异对企业国内跨地区经营的影响机理。首先，分析经营环境差异对企业外部和内部合法性的影响。其次，介绍经营环境差异对企业跨地区经营的外部交易成本和内部经营管理成本的影响。最后，介绍经营环境差异对企业制度套利的影响。本章旨在全面地梳理经营环境差异对企业国内跨地区经营的内在影响机制，为进一步分析经营环境差异对企业国内跨地区经营战略和跨地区经营绩效的影响奠定机制基础。

第五章是经营环境差异与企业国内跨地区经营的研究假设。首先，提出经营环境差异与企业跨地区经营绩效的概念模型。其次，在概念模型的基础上提出了经营环境差异影响跨地区经营战略和跨地区经营绩效的直接作用假设、跨地区经营战略的中介作用假设以及经营环境相对发展水平和跨地区经营经验的调节作用假设。最后，对研究假设进行汇总，得到实证研究模型。本章通过提出具体明确的研究假设为后续的实证分析指明了方向。

第六章是研究方法。主要阐述本书采用的研究方法，包括行业选择、数据来源、数据收集和整理步骤以及数据分析方法等。还重点介绍了研究变量的界定和度量方法，包括自变量、因变量、中介变量、调节变量和控制变量的界定和度量方法。本章简要论述了变量测量的信度和效度，使后续的回归分析建立在可靠的基础之上。

第七章是描述性统计分析。主要对研究样本进行描述性统计分析，以获得研究数据的概貌。具体而言，对研究样本进行了描述性统计、对研究变量进行了描述性统计，并对变量进行了 Pearson 相关分析和多重共线性检验。

第八章是假设检验。主要对所提出的研究假设进行实证检验。首先，检验了经营环境差异对跨地区经营战略和绩效，以及跨地区经营战略对跨地区经营绩效的直接影响。其次，检验了跨地区经营战略在经营环境差异对跨地区经营绩效影响中的中介作用。最后，检验了经营环境相对发展水平和跨地区经营经验的调节作用。

第九章是研究结论和启示。首先，阐述了主要研究结论，并对这些研究结论进行深入讨论。其次，详细论述了研究结论对企业和政府决策的启示。最后，指出本研究的创新和不足之处以及进一步的研究方向。

六、本章小结

本章介绍了选题背景和研究意义，对研究中涉及的两个基本概念：经营环境差异和国内跨地区经营进行了界定，并介绍研究目标、研究方法、研究思路、研究内容和主要创新等。通过阅读本章，可以获得对全书概貌性的理解。

第二章 文献回顾

本书关注地区间经营环境差异对企业国内跨地区经营战略和绩效的影响，涉及的重点研究领域是经营环境差异和企业国内跨地区经营，本章将对这两个核心研究议题的研究现状进行综述和评述。另外，考虑到制度基础观是本书的理论基础，对制度基础观的起源和发展以及制度基础观对研究的启示作简要叙述。

一、制度基础观

（一）制度基础观的起源和发展

制度相关研究最早可以追溯到 19 世纪，按照时间先后可以划分为两个阶段，20 世纪中期之前是早期的制度研究，20 世纪 70 年代随着经济学（North 等，1973；Williamson，1973；North，1981）和组织社会学（Meyer 和 Rowan，1977；Zucker，1977；DiMaggio 和 Powell，1983）中新制度主义的兴起，制度主义相关研究得到了学术界的广泛关注，新制度主义思潮出现并蓬勃发展（郭毅等，2007）。此后，制度研究进入成长和成熟阶段。

新制度主义是社会科学中极为重要的研究视角之一。周雪光（1999）认为，制度学派是美国社会科学自20世纪70年代中期以来最为重要的理论流派之一，Peng等（2009）认为，制度基础观（Institution - based View）与产业基础观（Industry - based View）、资源基础观（Resource - based View）一起构成了战略管理研究的三大研究视角。在国际商务和战略管理方面，制度基础观更是使用最为广泛和最有影响力的研究视角之一（Peng等，2008；Fortwengel，2017；Lu等，2018）。

新制度主义思潮涉及的学科较多，包括经济学、社会学、管理学和心理学等，理论流派也较多（郭毅等，2007）。较为重要的新制度主义流派包括经济学中的新制度主义，通常称为新制度经济学（Coase，1937；Coase，1960；Williamson，1973；Cheung，1983；North，1990）、政治学中的新制度主义（March和Olsen，1984，1989）、组织社会学的新制度主义（Meyer和Rowan，1977；Zucker，1977；DiMaggio和Powell，1983；Tolbert和Zucker，1983；Scott，1987；Zucker，1987；Powell和DiMaggio，1991；Scott，1995）。本书所指的制度基础观主要基于经济学中的新制度主义和组织社会学中的新制度主义发展起来，下面对上述两个流派的起源和发展做简单介绍。

1. 新制度经济学

新制度经济学的兴起与西方新古典经济学面临的困境直接相关（周雪光，1999）。新古典经济学假定信息获取无须成本、交易无成本、偏好具有有序性和传递性等性质，以及人有完全理性。在这一系列假定下，市场是一种最有效率的经济组织。在新古典经济学体系中，制度的作用极其有限。Coase（1937）对新古典经济学的假定提出了质疑，指出市场交易并不是无成本的，由于市场交易存在成本，企业才有存在的必要，企业的边界与交易成本和组织成本有关。Coase（1937）的理论标志着新制度经济学的诞生。

与新古典经济学不同，新制度经济学关于人有三个行为假定，如表2-1所示。

表 2-1 新制度经济学的行为假定

行为假定	假定内容
效用最大化	人们在现有结构的约束下最大化自己的效用
有限理性	人不具有完全理性，只有有限的获取和处理信息的能力
机会主义	人们在经济活动中总是追求自身利益最大化，只要有机会就会损人利己

由表 2-1 可以看出，新制度经济学关于人的行为假定分别是：第一，效用最大化。新制度经济学认为人试图在现有结构的限制下最大化自己的效用。新制度经济学通过将效用最大化假定扩展到人的所有选择，从而否定了消费者选择理论和企业理论的区分。第二，有限理性。新制度经济学认为由于环境复杂、信息不对称以及人的认识能力有限，人不具有完全理性，只有有限的获取和处理信息的能力，即有限理性。第三，机会主义。Willamson（1975）认为，一些人会“欺骗性地追求自我利益”（Self - interest Seeking with Guile），即人有机会主义倾向。由于事前区分机会主义者和非机会主义者的成本很高，导致需要非市场形式的制度安排。

随着新制度经济学的不断发展，制度相关研究已经形成交易费用经济学、产权理论、代理理论、公共选择理论和制度变迁理论等分支，在经济、管理和历史等分析中得到广泛应用。在上述各个流派中，与本书极为相关的有制度变迁理论和交易费用经济学。制度变迁理论的开创者是 North，他在一系列研究中使用新制度经济学方法来解释制度在经济增长和历史变迁中的作用（North 等，1973；North，1981，1990，1994）。上述研究加深了大家对制度重要性的认识，使制度相关研究出现蓬勃发展的趋势。

2. 组织社会学中的新制度主义

新制度经济学仍然把企业当成一个纯粹的经济组织，从企业追求利润最大化的假定出发研究制度对企业成本的影响。与新制度经济学不同的是，组织社会学中的新制度主义对制度的功能和制度对组织产生的影响做了更有洞见的分析。Meyer 和 Rowan（1977）通过对组织结构的考察，认为组织结构不仅仅是效率等技术层面因素考量的结果，更体现了组织对广为接受的社会现实的理解。DiMaggio 和 Powell（1983）试图回答的问题是：是什么因素使组织越来越相似？通过分析，他们指出三个机制导致组织趋同，如图 2－1 所示。

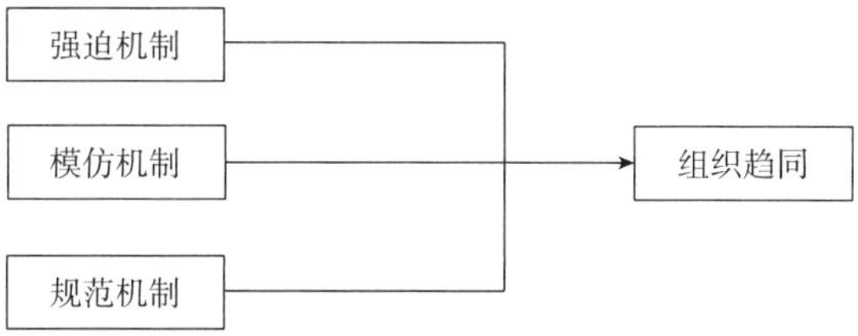

图 2－1　组织趋同的三种机制

资料来源：根据 DiMaggio 和 Powell（1983）整理。

由图 2－1 可以看出，三种机制使拥有相同经营环境（特别是制度环境）的组织在组织结构、战略和组织实践等方面趋于相同。第一种机制是强迫机制（Coercive），如组织需要遵守共同的法律和法规等止式制度规则。由于相同经营环境，组织需要遵循的法律和法规等正式制度规则大致相同，导致相同经营环境下的组织在各方面趋于相同。第二种机制是模仿机制（Mimetic）。由于不确定性的存在，组织通过模仿其他组织来降低成本和失败的可能性。由于模仿的对方往往是少数成功的组织，导致不同组织的结构、战略和实践由于模仿了共同的对象而趋于相同。第三种机制是规范机制（Normative）。由于职业化导致某些领域存在一些规范，个体和组织需要符合这些规范。在相同的经营环境下，个体和组织需要遵循的规范大致相同，导致组织在共同规范的约束下趋于相同。综上所述，由于上述三种机制的存在，位于相同经营环境下的组织在组织结构、战略和组织实践等方面会趋于相同。

从 Meyer 和 Rowan（1977）及 DiMaggio 和 Powell（1983）的研究可以看出，组织不仅面临技术环境，还受到制度环境的约束。组织需要同时满足技术环境和制度环境的要求才能生存和发展。不过，技术环境和制度环境对组织的要求并不总是一致的，有时甚至是相互矛盾的。因此，该学派认为制度环境要求组织遵循合法性机制，采用在特定制度环境下广为接受的组织形式和做法，而不管这些做法是否符合效率原则（周雪光，2003）。由于在同一场域的企业面临的制度环境大致相同，因此导致企业的组织形式和做法出现趋同（DiMaggio 和 Powell，1983）。在组织社会学中的新制度主义看来，制度环境等经营环境要素不仅是企业行为的外部约束，还能形塑组织的思维，对组织理解和解释环境的方式甚至对组织目标产生影响。在这种意义上，组织结构和行为是经营环境的产物。

随着上述两个流派的兴起，制度相关研究成为近年来战略管理和国际商务的重要研究视角之一（Peng 等，2009；Fortwengel，2017；Lu 等，2018）。后续研究倾向于结合新制度经济学和组织社会学中的新制度主义开展研究，战略管理相关研究更是如此，其中以彭维刚（Mike W. Peng）的相关研究最有代表性（Peng 和 Heath，1996；Peng 和 Luo，2000；Peng，2002，2003；Peng 等，2005，2008，2009；Qian 等，2010）。本书也基于战略管理中的新制度主义视角开展研究，下面对战略管理中的新制度主义研究的基本观点进行简单介绍。

（二）战略管理中的制度基础观

新制度经济学把制度当作企业运行的外部约束，强调制度对组织经济效率的影响，在制度经济学中制度通过影响企业的交易成本对企业行为产生影响。组织社会学中的新制度主义则强调企业是一个制度化的企业，企业是在制度中思维的：制度不仅是企业运行的外部约束，而且形塑了企业理解和解释现象的方式。从这种意义上说，制度既是企业的外部约束，也是一种内化的约束。与新制度经济学不同，经济社会学中的新制度主义更多地强调制度通过影响企业存在的合法性对企业行为产生影响。另外，组织社会学中的制度主义起源于社会学，强调非正式制度对组织的影响。与之不同的是，新制度经济学则起源于经济学，侧重分析正式制度对组织行为和绩效的影响（Peng 等，2009）。

事实上，这两个流派的观点并不矛盾，它们对不同制度规则的强调以及对效率和合法性等方面的解释是互补的。作为社会组成部分之一的企业，既需要追求合法性，也需要不断提高经济效率，才能更好地存续下去。在这种意义上，有必要集中新制度经济学和组织社会学中新制度主义的优点用于企业战略相关研究。本书所谓的制度基础观主要指基于经济学和组织社会学中的新制度主义研究演化出来的应用于组织与管理研究的制度主义视角，更严格地说可以称为管理研究中的制度基础观（Institution - based View）（Peng 等，2008，2009）。使用新的名称是为了更好地与新制度经济学和组织社会学中的新制度主义进行区分。按照 Peng 等（2009）的描述，制度基础观与战略管理研究中其他视角的关系如图 2 - 2 所示。

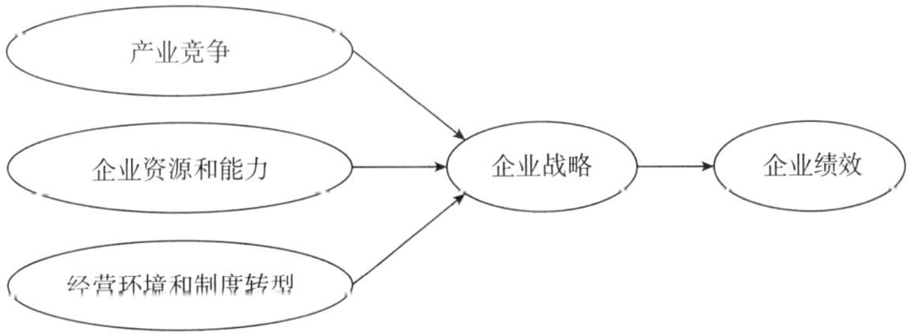

图 2 - 2　战略管理的三大研究视角

资料来源：根据 Peng 等（2009）整理。

由图 2 - 2 可以看出，目前战略管理相关研究的三大研究视角分别是：产业基础观（Industry - based View），强调产业竞争对企业战略和绩效的影响（Porter，1998b）；资源基础观（Resource - based View），强调企业资源和能力对企业战略和绩效的影响（Wernerfelt，1984；Prahalad 和 Hamel，1990；Barney，1991）；制度基础观（Institution - based View），强调经营环境和制度转型对企业战略和绩效的影响（Peng 等，2008，2009）。

值得指出的是，在三个研究视角的理论逻辑中，虽然不排除绩效对战略有影响，战略均是绩效的前因，即企业战略受到某些因素的影响（在产业基础观中是产业竞争，在资源基础观中是企业资源和能力，在制度基础观中是经营环境和制度转型），而企业绩效在很大程度上由企业战略选择决定。本书主要基于制度基础观，从理论和实证上探讨地区之间经营环境差异对企业国内跨地区经营战略和绩效的影响机理。

彭维刚在多篇文章中详细阐述了战略管理中制度基础观的主要理论观点（Peng，2002；Peng 等，2008，2009）。由于制度基础观是本书的理论基础，下面主要基于 Peng（2002）和 Peng 等（2009）介绍制度基础观的主要理论观点。制度基础观认为，企业战略选择是制度与组织动态互动的结果（Peng，2002），这种互动关系如图 2－3 表示。

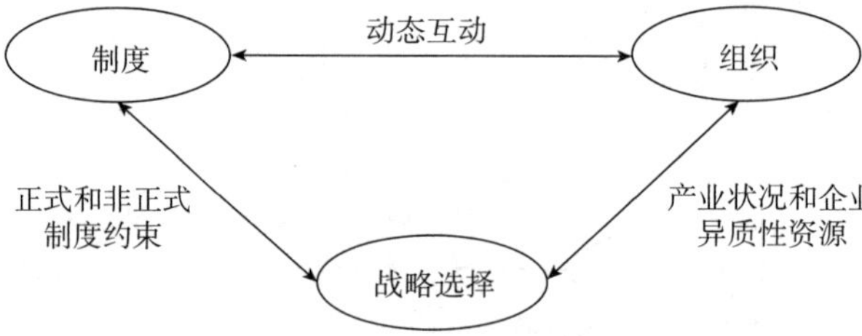

图 2－3　制度、组织和战略选择的关系

资料来源：根据 Peng（2002）整理。

由图 2－3 可以看出，企业战略不仅受到产业状况和企业异质性资源的影响，还受到正式和非正式制度约束的影响。制度基础观有两个核心假设（Peng 等，2009）。一是有限理性选择（Boundedly Rational Choices）。制度的核心作用是通过提供行为规范和界定合法性边界降低不确定性和提供意义。有限理性选择是指主体在给定的制度框架下追求自身利益和做出选择，这种选择是受限的和理性的。二是正式和非正式制度是互补的（Formal and Informal Institutions as Compensatory Structures）。基于上述两个假设可以得出以下两个核心命题：①经理人和企业在给定的制度框架下，即在正式和非正式制度的约束下，理性地追求自身利益和做出战略选择；

②由于正式和非正式制度是互补的，当正式制度模糊或失效时，非正式制度在降低不确定性和在为行为提供指导等方面将发挥更大的作用。基于以上两个核心命题，可以对战略管理相关课题展开探讨，并提出相应的解释。

Rumelt 和 Teece（1994）认为，战略管理有四大基本问题，分别是：①企业如何行动（How do Firms Behave?）；②企业因何不同（Why are Firms Different?）；③多元化经营企业的总部功能是什么（What are the Functions of the Headquarters Unit in a Multibusiness Firm?）；④什么决定了企业国际竞争的成败（What Determines Success or Failure in International Competition?）。各个理论视角的不同在很大程度上反映出它们对上述问题做出了不同的解答。

随着时间的演变，上述问题的重要性和内容有所变化，Peng 等（2009）基于 Rumelt 和 Teece（1994）的论述，指出战略管理四大新的基本研究问题是：①企业因何不同（Why do Firms Differ?）；②企业如何行动（How do Firms Behave?）；③什么决定企业范围（What Determines the Scope of the Firm?）；④什么决定企业在全球范围的成败（What Determines the Success and Failure of Firms Around the Globe?）要深入了解制度基础观，就需要了解制度基础观对于上述基本研究问题分别做出了什么回答。制度基础观对上述问题的回答如表 2－2 所示。

表 2－2　制度基础观对战略四大基本问题的回答

基本问题	制度基础观的回答
企业因何不同	企业受经营环境（特别是制度环境）的影响，相同经营环境下的企业趋于相似，不同经营环境下的企业有很大不同
企业如何行动	正式和非正式制度约束决定了企业如何行动
什么决定企业范围	正式和非正式制度变化是企业范围变动的决定因素
什么决定企业在全球范围的成败	企业对所在地区正式和非正式制度规则的理解、适应和运用决定了企业的成败

资料来源：根据 Peng 等（2009）整理。

由表2-2可以看出，在“企业因何不同”这个问题上，制度基础观认为企业的结构和战略等均受经营环境（特别是制度环境）的影响。在相同经营环境下运营的企业趋于相同，而在不同经营环境下的企业会有很大不同。因此，制度基础观从经营环境对企业影响的角度回答了为什么同一个地区共享同样经营环境的企业越来越相似，但不同地区位于不同经营环境下的企业存在很大的差异。上述回答与资源基础观和产业基础观的回答截然不同，如资源基础观认为企业的不同源于企业拥有的、难以复制和不可自由流动的异质性资源。

在“企业如何行动”这个问题上，制度基础观基于企业受经营环境的约束而采取理性行动出发，认为正式和非正式制度约束决定了企业如何行动。Peng等（2009）以日本制药企业为例进行了说明。他们发现日本在电子和汽车等产业出现了具有创新性的企业，而在制药业却没有出现类似具有创新性的企业。究其原因，Peng等（2009）认为，这是由于日本制药业的经营环境不鼓励企业创新所导致，这说明经营环境影响了企业的创新策略。在中国则有更多的例子表明企业的行动受到经营环境的影响。例如，曹正汉（2006）分析了改革开放后温州民营企业在成长过程中具有的组织结构特征。为获得合法性，温州民营企业先后经历了借红帽子（挂户经营）、戴红帽子（股份合作制）、建立党支部和升格党委以及企业主进入人大与政协等演变过程。温州企业的上述演变过程反映了中国特定时期的经营环境对企业行为的影响，充分说明了经营环境是企业行为的重要决定因素。

在“什么决定企业范围”这个问题上，制度基础观认为正式和非正式制度的变化是企业范围变动的决定因素。从制度基础观的角度来看，上述回答是显而易见的。根据交易成本理论，企业的范围取决于交易成本和组织成本，而交易成本受企业外部经营环境的影响。因此，正式和非正式制度等经营环境要素的变化会影响企业交易成本，并进一步对企业范围产生影响。一个生动的例子是在改革开放初期，当时特殊的经营环境对企业范围变动有重要影响。在改革初期，受计划经济思维的影响，私营企业雇员人数较多（如超过 8 人）就带有资本主义性质。在这种制度背景下，整个社会对私营企业规模的变动非常敏感，导致私营企业家在企业规模决策上不仅要考虑成本和收益，更要考虑经营环境的约束。例如，20 世纪 80 年代初，安徽芜湖企业家年广久的傻子瓜子由于供不应求，雇用了 12 个工人炒瓜子，被批评是走资本主义道路，并因此掀起了傻子瓜子姓“资”还是姓“社”的社会争论。在以邓小平为代表的党中央平息姓“资”还是姓“社”的争论后，中国才逐步树立了特色社会主义的私营企业观。此后，私营企业面临的外部经营环境发生了较大变化，傻子瓜子等私营企业才走上快速发展道路。

在“什么决定企业在全球范围的成败”这个问题上，制度基础观认为，企业对所在地区正式和非正式制度的理解、适应和应用决定了企业的成败。随着企业不断进行跨地区经营，企业会进入越来越多的地区，这些地区的经营环境有很大差异。企业理解和适应这些地区的经营环境的程度对企业合法性、经营成本和收益有很大影响，甚至直接决定了企业成败（宋渊洋和李元旭，2013；Lu 等，2018）。

（三）制度基础观对本书的启示

制度基础观的基本观点是经营环境会影响企业战略选择，而战略选择决定了企业绩效（Peng 等，2008，2009）。按照这种理论思路，本书的基本理论思路如图 2－4 所示。

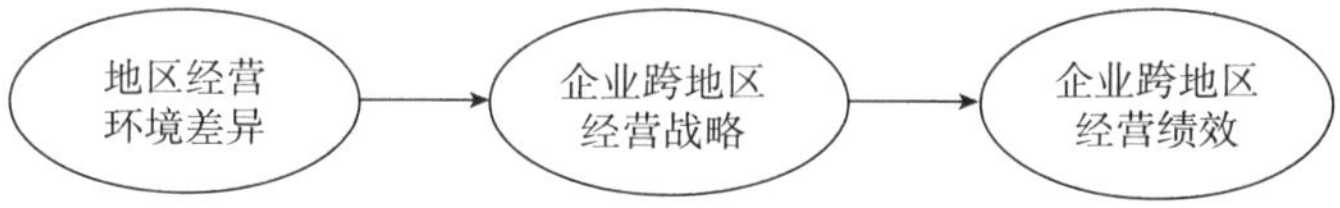

图 2－4 本书的基本理论思路

由图 2－4 可以看出，按照制度基础观的基本思路，探讨地区经营环境差异如何影响企业国内跨地区经营战略选择，以及跨地区经营战略对企业跨地区经营绩效产生了什么影响。因此，本书的总体理论逻辑是地区经营环境差异—企业跨地区经营战略—企业跨地区经营绩效，这也是本书的基本研究框架。为更深入地揭示经营环境差异对企业跨地区经营绩效的影响机理，在上述基本研究框架的基础上，本书还探讨了经营环境相对发展水平和跨地区经营经验的调节作用，以及跨地区经营战略的中介作用。在实证研究部分，将基于企业的跨地区经营数据对由研究框架得出的假设进行实证检验。

二、经营环境差异研究综述

本书的侧重点是地区经营环境差异。经营环境差异是两个地区在经营环境上表现出来的差异。要探讨经营环境差异，必须首先探讨各个地区的经营环境，因为经营环境的概念和维度区分是经营环境差异概念和维度区分的基础。因此，本节首先综述经营环境的概念和维度区分，并在此基础上综述经营环境差异相关文献。

（一）经营环境的概念和维度区分

1. 经营环境的概念

经营环境是指那些不属于企业管辖范围，又不能有效控制的，但却影响企业业绩的因素。由于本书基于制度基础观进行探讨，本书中的经营环境是指企业外部环境中与制度相关的因素，如政治（行政）、经济、金融、法律和创新等（Ghemawat，2001；Berry 等，2010）。

2. 国家层面经营环境的维度区分

由于地区经营环境是地区制度规则的外显形式，现有研究根据制度规则的类型和现有研究对地区间经营环境的维度进行区分。制度是一个社会的博弈规则，是一些人为设计的、形塑人们互动关系的约束（North，1990）。制度是极为重要的，因为制度决定了交易和生产成本以及进行某项经济活动的可行性和利润水平（North，1991）。North（1990）将制度分为正式和非正式制度，并认为正式制度与非正式制度能形成互补，从而提高非正式制度的有效性。与North（1990）对制度的分类相对应，地区经营环境可以根据背后的制度规则分为正式和非正式经营环境。当然，这种分类还较为粗糙。随着后续研究的不断推进，我们对制度的认识不断深化。

后续研究将制度分类进一步细化，其中最有影响的是Scott提出的分类方法。Scott（1995）认为，制度由规制（Regulative）、规范（Normative）和认知（Cognitive）的结构和活动构成，能为社会行为提供稳定性和意义。具体而言，规制维度基于制定、监督和执行规则，是一种工具逻辑，法律制裁是合法性来源；认知维度来源于社会成员共同的信仰，合法性基于文化正统性；规范维度规定了目标以及达到目标的恰当手段，合法性基于社会信仰和习俗。后续研究多基于Scott（1995）的分类开展实证研究（Busenitz等，2000；Xu等，2004；Gaur等，2007；Gaur和Lu，2007；Lu等，2018）。

从上文的分析可以看出，North（1990）和Scott（1995）是制度维度区分的基石。North（1990）和Scott（1995）关于制度维度的划分之间的关系如表2-3所示。

表2-3　North和Scott定义中制度包含的维度

<table>
<tr><th>代表研究</th><th>North（1990）</th><th>Scott（1995）</th></tr>
<tr><td rowspan="3">制度包含的维度</td><td>正式制度</td><td>规制</td></tr>
<tr><td rowspan="2">非正式制度</td><td>认知</td></tr>
<tr><td>规范</td></tr>
</table>

资料来源：根据Peng等（2009）整理。

表2－3表明，North（1990）的正式制度与Scott（1995）的规制维度相当。与North（1990）相比，Scott（1995）更加侧重非正式制度，并将非正式制度区分为认知和规范两个维度。后续研究在North和Scott研究的基础上根据研究需要对制度维度进行了进一步区分，相关研究对于制度维度的划分如表2－4所示。

表2－4 现有研究对经营环境包含维度的划分

代表研究	经营环境的维度	
	正式经营环境	非正式经营环境
Busenitz等（2000）	规制	规范、认知
Ghemawat（2001）	管理、经济	文化
Xu等（2004）、Gaur等（2007）、Chao和Kumar（2010）	规制	规范（规范/认知）
Pattnaik和Soonkyoo（2007）	产品市场、资本市场、劳动力市场、开放程度	政治和社会系统
Estrin等（2009）、Dikova等（2010）	正式制度	非正式制度
Bae和Salomon（2010）	政治（行政）/规制/法律（创新）、经济	文化/规范/认知
Berry等（2010）	经济、金融、政治（行政）、管理、人口、知识（创新）、全球连通性	文化

注：Berry等（2010）认为，国家之间的距离包含经济、金融、政治（行政）、管理、人口、知识（创新）、全球连通性、地理等方面，除了地理因素，其他均与制度相关。

从表2－4可以看出，由于认知和规范两个维度很接近（Scott，1995），相关研究一般将这两个维度合为一个维度进行测量（Xu等，2004；Gaur等，2007；Gaur和Lu，2007；Chao和Kumar，2010）。Bae和Salomon（2010）在综述了经营环境差异相关研究之后指出，认知和规范维度非常接近且难以区分，可以合并为一个维度。同时，由于规范维度与文化有较大重叠，他们建议可以用文化维度来测量地区的非正式经营环境。

上面论述了非正式经营环境的测量，下面进一步分析如何测量正式经营环境。在社会学中，经典研究往往比较注重非正式经营环境，而把正式经营环境归纳到一个宽泛的维度：规制维度（Scott，1995）。因此，在Scott（1995）关于制度或经营环境的分类中，正式经营环境（规制维度）包含了太多成分，后续研究倾向于把正式经营环境进一步分解。其中，最有影响力的研究是 Berry 等（2010），他们把正式经营环境分为经济、金融、政治（行政）、管理、人口、知识（创新）和全球连通性等维度，较为全面。

3. 中国各地区经营环境的维度区分

由于本书的重点是中国各地区经营环境差异对企业国内跨地区经营的影响，有必要对中国各地区经营环境的维度区分和测量方法进行综述，以为后续区分和测量中国各个地区的经营环境差异奠定基础。

对中国各地区经营环境的测量起源于测量各地区市场化程度的相关研究，其中最为重要的研究是《中国市场化指数：各地区市场化相对进程报告》（樊纲和王小鲁，2001）。改革开放后，中国开始从计划经济向市场经济转轨。经济转轨实际上是一个经济制度不断改革的过程。由于各方面的原因，各地区在市场化改革进程方面有较大差异。为了更准确地把握各地区市场化改革的相对进程，樊纲和王小鲁（2001）开发出中国各地区市场进程相对指数，致力于用比较的方法从多个方面对各地区市场化的相对程度进行测量。从指标来看，市场化指数主要包括五个方面：政府与市场的关系、非国有经济的发展、产品市场的发育程度、要素市场的发育程度以及市场中介组织发育和法律制度环境。后续研究多使用市场化指数或基于市场化指数开发相应的经营环境的测量指标。

（1）经营环境。大部分现有研究把整体经营环境（或称制度环境）作为解释变量，研究整体经营环境对企业经营的影响。关于整体经营环境的测量主要有如下几种方法：

1）市场化指数。考虑到市场化程度高的地方往往整体经营环境更好，现有研究大多使用市场化指数度量各地区的经营环境（洪名勇，2004；夏立军和方铁强，2005；Chen 等，2006；Li 等，2006；Firth 等，2009；辛清泉和谭伟强，2009；张鸣等，2012）。

2）市场化指数的分指数。少部分研究使用市场化指数的分指数来度量各地区的经营环境。例如，Gao 等（2009）用市场化指数中的“市场中介组织的发育和法律制度环境”以及“产品市场的发育程度”度量各地区的经营环境，丁烈云和刘荣英（2008）用“要素市场的发育程度”度量各地区的经营环境。

3）GDP/政府预算。中国制度转型的重要目的之一是建立完善的市场经济制度。与计划经济相比，在市场经济制度下资源更多地由市场而不是政府来分配。制度转轨越彻底，市场在资源分配方面发挥的作用越大。基于这种考虑，少部分研究采用“市场在分配资源中所起的作用”来度量一个地区的经营环境。例如，Wang 和 Qian（2011）用 GDP 除以政府预算度量制度环境，该指标反映了资源通过市场而不是通过政府的再分配系统来分配的程度。

4）其他方法。冯天丽和井润田（2009）用问卷调查法测量了企业家所感知的经营环境变化。蒋春燕和赵曙明（2010）基于调查数据测量了各地区的企业家精神制度环境，侧重反映当地经营环境对创业和创新活动的支持程度。

在上述测量方法中，市场化指数对经营环境的测量最为全面，其他度量方法只度量了正式经营环境的某一个方面。例如，GDP/政府预算仅反映了政府在经济活动中的重要程度，与政府干预更为接近。值得指出的是，上述所有的度量方法都缺少对各地区非正式经营环境的度量，这需要在进一步研究中改进。

（2）法律环境。现有研究主要采用以下方法测量中国各地区的法律环境：

1）市场化指数的相关指标。大部分研究用市场化指数中的指标，如“市场中介组织的发育和法律制度环境”和“律师人数与当地人口的比例”度量各地区的法律环境（夏立军和方铁强，2005；Wang 等，2008；

郑志刚和邓贺斐，2010；李维安和徐业坤，2012）。

2）用各省区市的“经济案件结案率”（结案数/收案数）度量法律环境（卢峰和姚洋，2004；余明桂和潘红波，2008）。这是因为一个案件结案所需的时间取决于法院的审判速度和执行速度，因此结案率是一个衡量各省区市法律系统效率的综合指标（卢峰和姚洋，2004）。

3）用“法律系统的投入”大小来度量法律环境，如金祥荣等（2008）用地区财政支出中“公检法支出/GDP”度量地区法律环境。

4）用“世界银行问卷调查的结果”度量地区法律环境。例如，万华林和陈信元（2010）用世界银行（2006）中“对法律的信心指数”来度量地区法律环境。

上述测量方法从不同方面对各地区的法律环境进行了测量。总体来看，现有研究从法律系统的投入和产出两个方面测量地区法律环境。“公检法支出/GDP”和“律师人数与当地人口的比例”是从投入的角度对各地区的法律环境进行测量，“经济案件结案率”更多地从产出，即效果方面对法律环境进行测量。市场化指数中的“市场中介组织的发育和法律制度环境”同时包含了投入和产出等方面的因素，但也包含了“会计师人数/总人口”等与法律环境不相关的指标。进一步的测量可以综合上述指标包含的与法律环境相关的测量题项，综合考虑投入和产出等方面，更加全面地测量各地区的法律环境。

（3）产权保护。在法律环境方面，还有相当部分研究关注法律环境的核心方面——产权保护对企业经营的影响。由于相关研究较多，我们对产权保护的测量做进一步讨论。现有研究主要采用如下方法测量各地区的产权保护程度：

1）使用市场化指数中的“减轻企业的税外负担”度量产权保护程度（余明桂和潘红波，2008）。税外负担指企业负担的收费摊派等占销售收入的比例。税外负担越重，企业产权被政府侵害的程度越高。为检验结论的稳健性，余明桂和潘红波（2008）还使用地方政府行政收入和罚没收入之和占地方政府财政收入的比例来表示政府侵害产权的程度，比例越高企业的产权受到侵害的可能性越大。

2）用市场化指数中“生产者和消费者权益保护指数的平均值”度量各地区产权保护程度（张天舒等，2010）。

3）采取倪鹏飞（2004，2005）编制的“产权保护制度指数”度量各地区的产权保护程度（方颖和赵扬，2011），“产权保护制度指数”包含非规范收费收敛程度、盗版知识产品状况和法院体系保证履约状况三个分项指数。

4）用“GDP/地区财政收入中罚没款收入”来度量地方政府的产权保护倾向（金祥荣等，2008），该数值越大表示企业产权被政府侵害的可能性越小。

5）根据世界银行（2006）中产权保护的相关指标测量各地区的产权保护程度。例如，黄俊和张天舒（2010）使用产权保护指数（Property Rights Protection Index）测量各个地区对产权的保护程度；余明桂和潘红波（2008）根据世界银行（2006）中的“企业在娱乐和旅游上的花费”度量企业产权受到侵害的程度，因为该项花费可能会成为给政府官员的非正规支出。

上述测量方法大部分基于政府和企业的关系展开测量，更多地反映了政府对企业经营的干预程度，与产权保护的构念不契合。由于企业产权的侵害主体包含其他企业、非企业组织、个人以及政府等，产权保护也必须从上述方面进行测量，而不能仅仅度量政府对企业产权的侵害程度。世界银行（2006）的产权保护指数来源于调查题目“在涉及贵公司的商业或其他争议中，贵公司的合同权利和产权（包括履约）得到保护的可能性（以百分比表示）有多大?”，该题目在一定程度上度量了法律系统对公司产权的保护程度，比较接近产权保护这一理论构念的内涵。但由于测量题目过少，并且测量的是产权保护的后果，这一测量方法可能有一定误差。更广义地来看，产权保护是法律环境的一部分，进一步的研究可以结合现有研究在测量地区法律环境和产权保护两方面的题项开发出更科学和全面的地区法律环境的测量方法。

(4) 金融环境。又称金融发展水平。关于金融环境有如下几种测量方法:

1) 采用市场化指数中的“金融业的市场化”度量各地区的金融环境(杨洁等,2009;余明桂和潘红波,2009;袁知柱和鞠晓峰,2009;解维敏和方红星,2011)。根据樊纲等(2011)的定义,这个指数越大,表示银行部门越可能基于经济原则进行放贷决策。

2) 银行融资的发达程度。由于金融环境好的地区企业银行融资更为便利,相关研究用“银行融资的发达程度”来度量地区的金融环境。具体测量指标包括“全部金融机构存贷款额/GDP”(周立和王子明,2002;周业安和赵坚毅,2005;张璟和沈坤荣,2009)、“银行向非国有部门的贷款/GDP”(张军和金煜,2005;李增泉等,2008)、“国有银行存贷款/GDP”(周立和王子明,2002)、“银行年末贷款余额/GDP”(郑志刚和邓贺斐,2010)、“银行剔除农业贷款后贷款余额/GDP”(郑志刚和邓贺斐,2010)、金融机构贷款总额/GDP(唐松等,2009;沈红波等,2010)、“金融机构的存款与贷款之和(全部金融资产)/GDP以及短期贷款总量/全部贷款总量”(金祥荣等,2008)。

3) 证券融资的发达程度。除了银行融资,企业还可以通过证券市场融资。因此,度量地区金融环境的另一个方法是使用证券融资的发达程度。具体测量指标包括“股票市场总市值/GDP”、“股票市场流通市值/GDP”以及“上市公司数量/人口规模”(郑志刚和邓贺斐,2010)。

4) 金融腐败指数。部分研究采用谢平和陆磊(2005)编制的“中国金融腐败指数”测量各地区的金融环境(陈信元等,2006;周伟和谢诗蕾,2007)。

从上述测量指标来看,市场化指数中的“金融业的市场化”虽然与地区金融环境正相关,但并不完全符合金融环境的内涵。因为,市场化一方面会改善企业融资环境,另一方面也会加剧企业之间的融资竞争。通过银行融资和证券融资的发达程度来度量各地区的金融环境事实上是通过金融环境的后果来测量金融环境本身,也存在潜在的问题。因为,银行融资和证券融资的发达程度与金融环境有关，但也与其他因素相关，如企业融资需求的大小。对上述两方面的指标进行比较，银行融资和证券融资来测量地区金融环境得到了更多研究的接受（周立和王子明，2002；周业安和赵坚毅，2005；金祥荣等，2008；张璟和沈坤荣，2009；Berry等，2010）。

（5）政府干预。在地区行政环境方面，现有研究主要关注政府干预对企业经营的影响。对政府干预的度量方法包括：

1）用市场化指数来度量政府干预程度（唐雪松等，2010）。

2）用市场化指数“减少政府对企业的干预”这一指标的得分度量地方政府的行政干预程度（高雷等，2006；程仲鸣等，2008；万华林和陈信元，2010；张洪辉和王宗军，2010），该指标得分越高表示政府干预程度越低。

3）用市场化指数中的“政府与市场关系指数”度量政府干预程度（夏立军和方轶强，2005；刘凤委等，2007；余明桂和潘红波，2009；肖作平，2010）。

4）用世界银行（2006）调查中“企业与政府机构打交道的时间”度量政府干预程度（程仲鸣等，2008；潘红波等，2008），打交道的时间越长表示政府干预程度越高。

5）用“地方政府财政压力”度量政府干预程度。财政压力越大，地方政府越可能通过干预企业经营来缓解财政压力。在该方面，具体度量指标主要有“财政支出/GDP”（程仲鸣等，2008）、“（财政支出 - 科教支出）/GDP”（邓可斌和丁菊红，2007）、“财政支出/财政收入”（张璟和沈坤荣，2009）以及“财政赤字/GDP”（程仲鸣等，2008）等。

6）其他度量方法。例如，郑志刚和邓贺斐（2010）用“预算外收入与预算内收入的比值”和“行政管理费用占财政支出的比值”来度量政府对私人财产的干预程度。

在上述指标中，市场化指数中的政府与市场关系指数和“减少政府对企业的干预”等指标较为直接地反映了政府对企业经营的干预程度。采用市场化指数的总指数来度量有过于宽泛的缺点，因为市场化指数包含了政府干预之外的其他内容。采用地方政府财政压力来度量政府干预事实上是用政府干预的前因变量来度量政府干预本身。虽然财政压力与政府干预正相关，但财政压力与政府干预的联系在不同的地区可能并不恒定（如与政府受到监督的力度有关），导致测量有较大误差。另外，研究政府干预对企业经营的影响关注的是地区行政环境对企业经营的影响，但政府干预仅仅是行政环境的一小部分，进一步的研究需要更全面地研究地区行政环境包含的因素对企业经营的影响。在研究政府干预对企业经营的影响时也需要控制其他行政环境因素的可能影响，因为这些因素与政府干预有较强的相关性。另外，这些因素对因变量可能有影响，导致忽略这些变量会出现遗漏变量偏误。

（二）经营环境差异的概念和测量方法

1. 经营环境差异的概念

1999 年，Kostova 和 Zaheer 在其开创性的论文中首次系统地阐述了经营环境差异的概念，认为经营环境差异就是两个地区在经营环境上表现出来的差异（Kostova 和 Zaheer，1999）。他们还分析了经营环境差异对跨国公司子公司在东道国合法性的影响，认为母国与东道国经营环境差异越大，跨国公司子公司在东道国建立和维持合法性的难度越大。在同年发表的另外一篇文章中，Kostova（1999）分析了经营环境差异对跨国公司内部战略组织实践（Strategic Organizational Practices）转移的影响，认为在跨国公司组织实践转移过程中，转移方和接受方的经营环境差异越大，转移来的实践越有可能与接受方的经营环境不匹配，导致转移难度提高甚至失败。因此，经营环境差异是组织实践在不同区域的子公司之间转移的重要障碍。

2. 经营环境差异的计算方法

经营环境差异的测量有两个步骤，首先是确定经营环境包含的维度和各维度的度量方法，然后基于测量数据计算各个地区之间的经营环境差异。在确定经营环境的维度和度量方法的基础上，现有文献对经营环境差异的测量有如下几种方法：

（1）Kogut 和 Singh 指数。该方法基于 Kogut 和 Singh（1988）的研究，由于这种测量方法得到了最为广泛的接受和应用，被学界称为 Kogut 和 Singh 指数（Kogut and Singh Index）。该方法最初用来计算文化差异，其两个地区之间的文化差异的计算公式如下：

$$CD_{ij} = \left\{ \sum_{k=1}^{4} \left[\frac{(I_{ki} - I_{kj})^2}{V_k} \right] \right\} \Big/ 4 \qquad (2-1)$$

式中，CD_{ij}指地区 i 和 j 之间的文化差异；I_{ki}是地区 i 在文化维度 k 上的得分；I_{kj}是地区 j 在文化维度 k 上的得分；V_k是文化维度 k 的方差。式中文化的四个维度分别是：不确定性规避、个人主义/集体主义、权力距离、男性主义/女性主义。由于经营环境的构成与文化类似，也是一个多维度构念，后续研究多按照 Kogut 和 Singh（1988）对文化差异的计算原理，构造出相应的经营环境差异计算方法。

地区之间经营环境差异的计算公式如下：

$$ID_{ij} = \left\{ \sum_{k=1}^{N} \left[\frac{(I_{ki} - I_{kj})^2}{V_k} \right] \right\} \Big/ N \qquad (2-2)$$

式中，ID_{ij}指地区 i 和 j 之间的经营环境差异；I_{ki}是地区 i 在经营环境维度 k 上的得分；I_{kj}是地区 j 在经营环境维度 k 上的得分；V_k是经营环境维度 k 的方差。式中的地区经营环境是一个 N 维构念。该方法是目前测量经营环境差异（包括文化差异）使用最广泛的方法，后续研究多采用这种方法测量地区之间的经营环境差异（Pothukuchi 等，2002；Gong，2003；Gaur 和 Lu，2007；Slangen 和 Hennart，2008；Estrin 等，2009）。

（2）绝对值方法。该方法采用两个地区在经营环境维度上得分之差的绝对值来测量经营环境差异（Xu 等，2004；Gaur 等，2007；Chao 和 Kumar，2010）。例如，Xu 等（2004）探讨了地区之间规制（Regulative）和规范（Normative）制度差异对跨国公司所有权和外派人员战略的影响。该研究首先确定规制和规范制度的度量题项，其次对规制和规范制度包含的题项分别求算术平均值作为一个地区在规制和规范维度的得分，最后取两个地区在同一个制度维度得分之差的绝对值用来度量两个地区在该维度上的经营环境差异。当经营环境包含多个维度时，可以先求各个维度之差的绝对值，然后取平均得到两个地区在经营环境方面的总体差异。以 Pattnaik 和 Soonkyoo（2007）为例，经营环境差异的计算方法如下：

$$ID_{AB} = \frac{\sum_{i=1}^{N} |A_i - B_i|}{N} \tag{2-3}$$

式中，ID_{AB}是地区 A 和 B 之间的总体经营环境差异；A_i是地区 A 在第 i 个经营环境维度的得分；B_i是地区 B 在第 i 个经营环境维度的得分；N 是经营环境的维度数。在 Pattnaik 和 Soonkyoo（2007）的研究中，$i=1, 2, 3, \cdots, 6$，即地区经营环境有六个维度，分别是产品市场质量（Product Market Quality）、资本市场质量（Capital Market Quality）、劳动力市场质量（Labor Market Quality）、劳动力市场规制质量（Labor Market Regulatory Quality）、政治和社会质量（Political and Social Quality）、开放程度（Degree of Openness）。

（3）欧式距离方法。其他学科对距离的度量使用最为广泛的是欧式距离。在经营环境差异的研究中也有学者采用欧式距离度量地区之间的经营环境差异，以 Pattnaik 和 Soonkyoo（2007）的研究最有代表性。在欧式距离中，地区之间的经营环境差异计算方法如下：

$$ID_{AB} = \sqrt{\sum_{i=1}^{N} (A_i - B_i)^2} \tag{2-4}$$

式中，ID_{AB}是地区 A 和 B 之间的经营环境总体差异；A_i是地区 A 在经营环境维度 i 上的得分；B_i是地区 B 在经营环境维度 i 上的得分；N 是经营环境的维度数。

（4）马氏距离方法。Berry 等（2010）用马氏距离（Mahalanobis Distance）来测量各个地区之间的经营环境差异，认为对经营环境距离或差异的测量必须满足对称性（Symmetry）、非负性（Non - negativity）、同一性（Identification）、确定性（Definiteness）和三角不等式（Triangle Inequality）

五个指标。对称性指 A 到 B 的距离等于 B 到 A 的距离；非负性指距离必须大于等于0；同一性指 A 到 A 的距离等于0；确定性指 A 到 B 的距离为0当且仅当 $A=B$；三角不等式指对任意 A、B 和 C，A 到 C 的距离小于等于 A 到 B 和 B 到 C 的距离之和。

Berry 等（2010）进一步指出，虽然现在被多数研究采用的欧式距离方法满足以上几个条件，但并未考虑用于度量经营环境不同维度的变量之间的相关性。当变量之间相关性高时，说明这些变量反映了类似特征，欧式距离计算过程由于没有考虑变量之间的相关性，会把多个变量包含的重复信息计算在内，导致对相关性高的变量反映的特征的高估。另外，欧式距离还存在无法考虑变量之间变异程度不同和对变量的度量尺度敏感等缺陷。

因此，在严格意义上欧式距离并不是一种度量经营环境差异的好方法。因此，Berry 等（2010）指出，用马氏距离来度量各个地区之间的经营环境差异更加合适。因为，马氏距离能克服欧式距离在变量之间高度相关、变异程度不同和度量尺度不同等方面存在的问题。在实证研究部分，Berry 等（2010）基于马氏距离度量了全球大多数国家和地区之间的经济、金融、政治、管理、文化、人口、知识、全球连通性和地理差异，并基于实证分析进一步说明马氏距离的潜在优势。

（三）经营环境差异对企业经营的影响

1. 国内相关研究

国内相关研究主要探讨经营环境差异对中国吸引外商投资、中国企业对外直接投资、企业海外市场进入模式和股权比例、双边贸易、企业跨国并购以及海外子公司存活和绩效等方面的影响。

在经营环境差异与中国吸引外商投资方面，潘镇（2006a）利用2000~2003年69个在华投资国家和地区的国别资料，分析了经营环境差异对中国吸引外商直接投资的影响，发现文化差异越大，投资国在中国的直接投资越少；包括法律完善程度和私有财产保护程度在内的法律经营环境差异越大，投资国在中国的直接投资越少；贸易政策、货币政策、金融管制政策等宏观经济经营环境差异越大，投资国在中国的直接投资越少；政府干预程度、工资控制程度和市场规范程度等微观经济经营环境差异越大，投资国在中国的直接投资越少。该研究充分说明了经营环境差异越大，FDI 流入量越少。葛菲和贺小刚（2017）对沪深两市 A 股工业企业数据进行分析，发现随着经营环境顺差的增加，国际创业资本倾向于流入资本投资领域，并且民营企业随着经营环境顺差的增加会有着更加强烈的资本投资倾向。

在经营环境差异与中国企业对外直接投资方面，郭苏文和黄汉民（2010）基于世界经济自由度指数度量各个国家之间的经营环境差异，并收集 2003 ~2008 年 45 个东道国和地区的面板数据，使用 GMM 估计方法分析母国与东道国之间的经营环境差异对我国 OFDI 的影响，发现中国与东道国之间的经营环境差异对 OFDI 有负向影响，即经营环境差异阻碍了中国 FDI 流出。进一步分析发现，在经营环境差异的各个维度中，影响最大的是产权保护差异、贸易自由度差异和财政自由度差异。张瑞良（2018）以“一带一路”沿线 64 个国家为研究对象，发现经营环境差异对企业的区位选择有负向影响，并且这种影响在经营环境好的国家更为明显。薛求知和帅佳旖（2019）基于中国制造业上市公司对外投资区位数据，发现经营环境差异会降低企业进入东道国的意愿，企业自身在东道国的直接投资经验可以减弱经营环境差异的负向影响。杨亚平和高玥（2017）利用我国对“一带一路”沿线国家的投资数据，发现企业 OFDI 倾向于选择在负向经营环境差异比较小的国家，技术研发型 OFDI 偏向于选择正向经营环境差异大的国家，而商务服务型 OFDI 和当地生产型 OFDI 倾向于规避负向经营环境差异大的国家。杨忠敏等（2019）基于中国与 46 个“一带一路”沿线国家间的数据，发现知识产权制度差异对中国在“一带一路”地区的投资的影响取决于技术转移规模和东道国其他正式和非正式制度的影响，可能为正、负和不显著。文淑惠和胡琼（2019）基于中国对中南半岛国家的直接投资数据，发现文化差异和微观经济制度差异阻碍了中国对中南半岛国家的直接投资，法律环境差异和宏观经济制度差异则对投资有正向影响。陈苏（2017）以中国跨境风险投资作为分析样本，发现投资国与中国法律质量差异越大，跨境风险投资成功退出的可能性越大，跨境风险投资的绩效越高。

在经营环境差异与企业海外市场进入模式和股权比例方面，陈怀超等（2013）以 178 家中国跨国公司为研究对象，发现相对于独资而言，管制制度差异、规范制度差异和认知制度差异越大，中国跨国公司越偏好使用合资形式进入东道国市场。周经和张利敏（2014）基于中国 88 个跨国企业对外投资样本，发现高正式制度差异与中国跨国企业选择新建投资模式的概率正相关，非正式制度差异对企业选择何种建立方式没有显著影响。李玉刚等（2017）利用中国企业海外收购的样本，发现规制制度差异越大，海外收购股权比例越高；规章制度差异越大，跨国收购股权比例越低。李璐男和李志萍（2017）基于外资风险投资机构对中国创业企业的跨境风险投资事件为样本，发现投资机构母国与中国的文化差异越大，投资机构越倾向于以独资方式进入中国市场；制度差异越大，投资机构越倾向于以合资方式进入中国市场。

在经营环境差异与双边贸易方面，潘镇（2006b）探讨了制度质量和经营环境差异对双边贸易的影响，以 153 个国家和地区为样本进行的研究表明，制度质量越差，双边贸易越不活跃；经营环境差异对于双边贸易有阻碍作用。在制度质量变量中，影响强度较大的是市场规范程度、私有财产保护程度和货币政策；在经营环境差异变量中，工资控制程度、货币政策和贸易政策的影响强度较大。许家云等（2017）发现中国与“一带一路”沿线国家之间在文化、法律、宏观经济制度以及微观经济制度方面的差异对双边进出口贸易均有负向影响，并且这种负向影响在长期更为显著。

在经营环境差异与企业跨国并购方面，阎大颖（2009）研究了文化差异对海外并购绩效的影响，发现中国企业选择与中国在文化差异方面越小的国家的企业进行并购，并购后绩效越好。阎大颖（2011）以中国企业发起的海外并购为样本进行实证检验发现，正式和非正式制度差异对中国企业海外并购能否成功有显著负向影响，而以往成功完成海外并购的国际经验则能显著提高后续并购的成功率。刘璐和杨蕙馨（2018）以中国上市公司成功实施的60起跨国并购为研究样本，发现管制制度差异和经济环境差异对跨国并购绩效没有显著影响，文化差异对跨国并购绩效有显著的负向影响，母公司知识吸收能力在经营环境差异对跨国并购绩效的影响中有中介作用。

在经营环境差异与海外子公司存活和绩效方面，潘镇等（2008）以2000余家在中国投资的外资企业为样本，分析了经营环境差异对外资企业生存的影响，发现投资国和我国的经营环境差异越大，外资企业在华遭受失败的可能性越大。在各种制度因素中，企业管理经营环境差异和创新差异的影响最为显著，企业运行经营环境差异和文化差异居中，而经济差异的影响最为微弱。邓子梁和原晓惠（2018）以"一带一路"沿线国家的外资银行为研究样本，分析了经营环境差异对银行经营效率的影响，发现经营环境差异对所有外资银行的效率水平都有显著的负向影响，在一定程度上说明经营环境差异会降低企业绩效。

还有研究探讨了经营环境差异对知识转移（徐笑君，2010；吴晓云和陈怀超，2011）、企业创新绩效（衣长军等，2018）、跨国收入差距（黄新飞等，2013）、母国技术进步（吴瑞兵，2019）和电子商务感知风险（李元旭和罗佳，2017）等方面的影响。例如，徐笑君（2010）探讨了文化差异对美资跨国公司总部知识转移的影响，发现权力距离和男性主义/女性主义文化差异对总部知识传播能力—知识传播渠道—转移效果关系起负向调节作用。吴晓云和陈怀超（2011）探究了经营环境差异对跨国公司总部和国外分支机构之间双向和单向知识转移的影响，表明经营环境差异越大，跨国公司跨国界知识转移越困难。他们还发现规制距离越大显性知识转移越难，而规范和认知距离越大隐性知识转移更难。

2. 国外相关研究

经营环境差异的概念提出后受到学术界重视，后续研究蓬勃开展（Xu

和 Shenkar，2002；吴晓云和陈怀超，2013；宋渊洋，2015；Fortwengel，2017；葛菲和贺小刚，2017）。由于出现的时间较晚，相关研究数量较少。这些研究主要集中在国际商务和战略管理领域，具体而言：①经营环境差异对企业跨国经营东道国选择和进入战略的影响；②经营环境差异对企业外派人员战略选择的影响；③经营环境差异对海外子公司存活和绩效的影响；④经营环境差异对跨国并购的影响；⑤其他相关研究。

在东道国和母国的经营环境差异对企业跨国经营东道国选择和进入战略影响方面，Xu 和 Shenkar（2002）基于理论分析，探讨了经营环境差异对跨国经营东道国选择和进入战略的影响，认为拥有异质性和基于流程竞争优势的跨国公司将会在规范经营环境与母公司所在地类似的地区投资，以规避规范经营环境差异大带来的转移企业核心能力的高成本；全球公司将会进入规范和认知维度接近的市场，而多国公司将会进入规范和认知维度差异大的市场；组织多样化程度高的跨国公司比多样化程度低的跨国公司更倾向于投资经营环境差异大的地区；在经营环境差异大的地区，由于子公司必须符合当地经营环境的要求，而这种要求与母国冲突，导致控制难度大和风险高，因此企业更可能持有较低比例股份。

受到 Xu 和 Shenkar（2002）研究的启发，在经营环境差异与企业跨国经营进入模式选择方面出现了一系列实证研究。例如，Estrin 等（2009）研究了经营环境差异对企业海外市场进入模式的影响，发现经营环境差异越大（特别是正式制度环境差异越大），首次投资者越倾向于选择新建企业，而不是合作形式。Schwens 等（2011）则研究了经营环境差异在制度风险对中小企业国际化进入模式选择影响中的调节作用。Hernández 等（2018）探讨了经营环境差异对海外子公司区位选择的影响，发现企业倾向于选择正向经营环境差异大的东道国。Ilhan - Nas 等（2018）发现，经营环境差异对海外子公司的股权比例没有直接显著影响，但在股权集中度对海外子公司股权比例的影响中有调节作用。Trapczyński 等（2019）发现，感知的经营环境差异对企业海外子公司所有权比例有负向影响。

在经营环境差异对跨国公司外派人员战略选择方面，Xu 等（2004）

研究了规制和规范制度差异对跨国公司所有权和外派人员战略的影响，发现规制和规范制度差异与跨国公司在东道国子公司的所有权比例和外派人员比例负相关。与之不同的是，Gaur 等（2007）发现经营环境差异越大，来自母公司的人员更可能成为国外子公司的经理。同时，经营环境差异越大，来自母公司外派人员占总员工数的比例越高。上述两个研究不一致的结果说明，该领域可以进一步深入研究以更科学地理解经营环境差异与外派人员战略之间的关系。

在经营环境差异对企业海外子公司存活和绩效的影响方面，Gaur 和 Lu（2007）认为，在经营环境差异大的国家，母公司所有权比例越高，子公司存活概率越大。Pattnaik 和 Soonkyoo（2007）探讨了东道国经营环境以及母国和东道国之间的经营环境差异对子公司绩效的影响，发现子公司绩效与经营环境差异负相关，说明经营环境差异的确加大了跨国公司的跨地区经营成本。Shirodkar 和 Konara（2017）发现东道国与母国的经营环境差异越大，海外子公司绩效越好［与 Gaur 和 Lu（2007）以及 Pattnaik 和 Soonkyoo（2007）的研究结论不同］，并且经营环境差异的影响对合资企业以及东道国经营经验丰富的企业更小。Konara 和 Shirodkar（2018）发现经营环境差异对海外子公司绩效的影响是非对称的，与企业是去经营环境更好还是更差的东道国有关，这在一定程度上揭示了之前研究关于经营环境差异与子公司绩效之间存在不一致研究结论的原因。

在经营环境差异对跨国并购影响方面，Dikova 等（2010）研究了正式和非正式经营环境差异对跨国并购完成可能性的影响，发现正式经营环境差异与跨国并购交易完成可能性负相关；正式经营环境差异与跨国并购广告和并购完成之间的时间跨度正相关，非正式经营环境差异与跨国并购交易完成可能性负相关；并购方以前的跨国并购经验在经营环境差异对并购完成可能性的影响中有调节作用：并购经验越丰富，经营环境差异对并购完成可能性的负向影响越弱；并购方以前的跨国并购经验在经营环境差异对并购完成时间的影响中也有调节作用：并购经验越丰富，经营环境差异对并购完成时间的正向影响越弱。

除了以上，还有研究探讨了经营环境差异对国际贸易（Keig 等，2019）、企业知识获取（Ho 等，2018）、债务成本（Gu 等，2019）、合作伙伴选择（Krammer，2018）和 CSR（Keig 等，2019）等方面的影响。这些研究充分说明了经营环境差异对企业战略和绩效有广泛和深刻的影响，是一个值得深入探讨的重要研究问题。值得指出的是，在上述研究中，经营环境差异主要指国家之间的经营环境差异，基本没有研究探讨一个国家内部的不同地区之间经营环境差异对企业战略和绩效的影响，而这恰恰是本书的重点。

（四）对现有研究的评述

关于经营环境差异的国外研究主要集中于探讨经营环境差异对跨国公司在东道国进入模式、持股比例、外派人员和双边贸易等方面的影响。国内相关研究兴起时间相对较晚，研究主题与国外相关研究类似。在回顾现有文献的基础上，对相关研究做如下评述：

（1）研究对象主要是跨国公司。现有研究探讨的领域主要集中在跨国公司进入海外市场的战略选择，如东道国选择和进入战略（Xu 和 Shenkar，2002；Estrin 等，2009；Schwens 等，2011；张瑞良，2018；Trapczyński 等，2019；薛求知和帅佳旖，2019）、外派人员战略决策（Xu 等，2004；Gaur 等，2007）、子公司存活和绩效（Gaur 和 Lu，2007；Pattnaik 和 Soonkyoo，2007；Shirodkar 和 Konara，2017，2018；邓子梁和原晓惠，2018）、跨国并购（Dikova 等，2010；阎大颖，2011；刘璐和杨蕙馨，2018）等。因此，研究领域仍有较大的可扩张性，可以由跨国经营拓展到国内跨地区经营。

（2）研究层面主要是国家层面。现有研究侧重探讨国家之间的经营环境差异对企业跨国经营的影响，其潜在假定是可以用同一个经营环境分数度量一个国家内各个区域的经营环境，显然这种假定较为牵强。事实上，这种假定抹杀了同一个国家内部的不同区域之间在经营环境方面的巨大差异，特别是像中国这样幅员辽阔的国家，国内各个地区的经营环境也存在巨大差异（Seung Ho 等，2006；Luo，2007；Lu 等，2009；Chan 等，2010；樊纲等，2011；宋渊洋和黄礼伟，2014；Lu 等，2018）。因此，有必要探讨一个国家内各个地区的经营环境差异对企业国内跨地区经营的影响，以弥补现有研究的不足。

（3）经营环境差异的测量方法多种多样。现有研究没有形成地区经营环境差异公认的测量方法（Bae 和 Salomon，2010；吴晓云和陈怀超，2013；薛有志和刘鑫，2013；陈怀超和范建红，2014；宋渊洋和刘勰，2015），这是目前相关研究结论不一致的重要原因。另外，大部分研究关注的是经营环境的部分方面，在一定程度上忽略了经营环境的某些重要维度，可能存在遗漏变量的风险。因此，有必要在现有研究的基础上对经营环境差异的测量进行梳理，以发展出更全面和可靠的测量方法，得出更科学和可靠的研究结论。

（4）对经营环境差异与企业国内跨地区经营研究较少。企业国内跨地区经营也是跨地区经营的一个重要方面，但现有研究较少关注经营环境差异对企业国内跨地区经营的影响（宋渊洋和李元旭，2013；宋渊洋和黄礼伟，2014；宋渊洋，2015）。对中国这样市场广阔和地区差异大的国家而言，企业国内跨地区经营也是跨地区经营非常重要的构成部分。因此，企业国内跨地区经营是一个重要的研究领域，从经营环境差异的视角研究企业国内跨地区经营是一个全新的课题，有重要的理论意义。

三、企业跨地区经营研究综述

（一）企业跨国经营相关研究

在企业跨地区经营方面，现有研究集中于探讨企业跨国经营的过程、影响因素和跨国经营对企业绩效的影响（Johanson 和 Vahlne，1977；Hitt 等，2006；薛有志和周杰，2007；Buckley 和 Hashai，2009；宋渊洋和李元旭，2010；Trapczyński 等，2019）。例如，不少研究认为企业资源是企业国际跨地区经营的重要影响因素。Delgado－Gómez 等（2004）对西班牙96 家非金融上市企业的研究表明，无形资产对国际化程度有显著的正面影响，Berry 和 Sakakibara（2008）对日本企业的研究也得出了类似的结论。Hitt 等（2006）以美国 100 家大型法律企业为样本研究了人力资本和关系资本对企业国际化程度的影响，发现人力资本对国际化程度有正向影响。Tseng 等（2007）基于美国 814 家制造业上市企业的研究发现，知识资源比物质资源对国际化成长能起到更快和更持久的推动作用。

在企业国际跨地区经营对企业绩效的影响方面，也有较多研究进行了深入探讨。首先，使企业能在全球范围内获取和配置稀缺资源，面向更为广阔的消费市场，有助于实现规模和范围经济（Caves，1996），降低运营成本。其次，能降低收益的波动性，从而降低经营风险（Kim 等，1993；Tallman 和 Li，1996）。再次，有助于企业树立良好的品牌形象，提高企业对供应商、分销商和消费者的议价能力（Kogut，1985）。最后，帮助企业从海外市场学习，提高企业的知识存量（Hitt 等，1997）。因此，现有研究倾向于认为企业国际跨地区经营对绩效有正向影响。

然而，与企业国际跨地区经营相比，国外研究者对企业在一个国家内进行跨地区经营研究较少（宋渊洋和李元旭，2013；宋渊洋和黄礼伟，2014），这可能是由于如下原因导致。首先，企业跨地区经营往往是一个国际商务的研究话题，容易得到国际商务相关研究者的重视。国际商务相关研究者在探讨企业跨地区经营时首先想到的往往是企业在不同国家，甚至是不同大洲之间的跨地区经营（Qian 等，2008，2010），而不会直接探讨企业在一个国家之内的跨地区经营问题。因为，国际商务研究者关注的是跨国公司，而跨国公司一般已经跨越了国内跨地区经营这一阶段，进入了在全球范围内开展跨国经营的阶段。因此，对国际商务研究者而言，企业跨国经营是一个更值得关注的研究主题。

其次，在国家之间的跨地区经营往往比在一个国家之内的跨地区经营要面临更多障碍，导致跨地区经营的相关研究从国际跨地区经营入手。然而在研究企业国际跨地区经营几十年后的今天，企业在一个国家之内的跨地区经营也应引起研究者的关注。这是因为企业国内跨地区经营的相关研究能对现有探讨企业国际跨地区经营的研究形成重要补充，使理论界和实践界对企业跨地区经营有更为深入的理解。

最后，在北美和欧洲，由于国家内部的经营环境差异相对较小，各个地区的经营环境差异对企业国内跨地区经营的阻碍较小，导致企业国内跨地区经营并未引起相关研究重视。与北美和欧洲不同，中国市场是一个无论地域还是经营环境差异都很大的市场（Seung Ho 等，2006；Luo，2007；Lu 等，2009；Chan 等，2010；樊纲等，2011；宋渊洋和黄礼伟，2014；Lu 等，2018），在中国各个地区之间进行跨地区经营的障碍较大，导致有必要对企业在中国各个地区跨地区经营进行深入探讨（宋渊洋和黄礼伟，2014；宋渊洋，2015；Lu 等，2018）。

（二）企业国内跨地区经营相关研究

国内跨地区经营属于企业多元化战略的一种。多元化包含业务多元化和地区多元化，国内相关研究关注的焦点是企业业务多元化的前因和后果，对中国企业地区多元化的研究相对较少。在地区多元化方面，较多研究集中于探讨企业国际化的影响因素和国际化对企业绩效的影响（薛有志和周杰，2007；宋渊洋等，2011；葛菲和贺小刚，2017；李玉刚等，2017；薛求知和帅佳旖，2019），对于企业国内地区多元化的研究相对较少（宋渊洋和黄礼伟，2014；宋渊洋，2015）。关于企业国内跨地区经营主要有如下几方面的研究：

1. 企业国内跨地区经营的影响因素

例如，巫景飞等（2008）探讨了高层管理者政治网络对企业业务和地区多元化战略的影响。他们认为企业高管的政治网络在中国不仅能帮助企业提前掌握政策动态，而且也能为企业带来发展所需的各种资源与条件，因此企业高层管理者政治网络中所蕴含的社会资本对企业地域多元化战略有促进作用。巫景飞等（2008）还基于2004～2006年沪市210家上市公司的研究数据进行了实证分析，发现企业高层管理者政治网络对企业地域多元化有正向影响，企业规模对企业高管政治网络与地域多元化之间的关系有调节作用：企业规模越大，高管政治网络对企业地域多元化的正向影响越弱。曹春方等（2015）探讨了市场分割对企业异地子公司分布的影响，发现地区市场分割导致地方国企相比民企有更少的异地子公司。蔡卫星（2016）探讨放松分支机构市场准入规制这一外生政策冲击对商业银行异地分支机构数量的影响，发现市场准入放松对跨地区经营有显著的正向影响，跨地区经营有助于商业银行改善市场份额、净息差和收入结构，但会增加营业成本，导致跨地区经营对总资产收益率的影响不显著。高丹雪等（2018）探讨了慈善捐赠对企业跨地区扩张的影响，发现慈善捐赠对企业跨地区扩张有正向影响，并且这一影响对国有企业和有政治关联的企业更弱，对外部环境中市场分割程度较高以及经济增速压力较大的企业更强。张敏等（2018）探讨了政治资源对城市商业银行跨地区经营的影响，发现与没有政治资源的城市商业银行相比，拥有政治资源的城市商业银行的跨地区经营程度更高。

2. 企业国内跨地区经营对管理层薪酬和绩效的影响以及国内跨地区经营的控制机制

例如，曹芳（2008）探讨了在中国独特制度背景下，地域多元化战略与管理层薪酬之间的关系，认为地域多元化增加了企业管理复杂性和经营风险。因此，企业需要提高管理层薪酬以提供补偿。另外，地域多元化增加了股东与管理层之间的信息不对称程度，提高了代理成本，为降低代理成本也需要提高管理层薪酬。因此，曹芳（2008）认为，地域多元化对管理层薪酬有正向影响。在实证研究部分，他们采用省外收入占企业总收入的比重来衡量企业地域多元化程度，基于2002～2004年633家多元化经营上市公司的数据发现地域多元化程度越高，管理层年度总薪酬也越高，并且实施地域多元化经营的企业的管理层薪酬高于产业多元化经营的企业。另外，王晓健（2010）从信息技术能力的视角探讨了中国企业地域多元化的控制机制，希望揭示中国企业是怎样以信息技术能力为支撑在国内地域多元化过程中对异地组织进行控制。范香梅等（2010）基于14家银行1997～2008年地域多元化数据对我国中小银行地域多元化的风险和收益进行了实证分析，发现地域多元化有助于大银行提高收益和降低风险，但不利于中小银行收益的提高与风险降低。潘文安（2015）以238家总部设在浙江的中小企业作为研究对象，探讨了进入模式对跨地区经营绩效的影响，发现中小企业进入异地市场时，多数股权的子公司综合绩效表现最好，独资次之，等额股权第三，少数股权最差。朱凯等（2019）探讨了地区市场分割对企业跨地区经营绩效的影响，发现通过在市场分割程度高的地区设立异地子公司，企业集团能够扩大销售规模和提升毛利率，但需要承担额外的非生产性支出和税负。综合考虑成本和收益，朱凯等（2019）发现跨地区经营总体上能改善总公司的经营业绩。

3. 对国外有关企业跨地区经营的研究成果进行了综述

例如，邱兆祥和范香梅（2009）对国外有关中小银行地域多元化的相关研究进行了述评，发现现有研究总体上表明大银行的地域多元化有利于提高交易型业务的规模经济与降低风险，而中小银行因关系型业务的异质性不容易产生规模经济，对其特有的地域集中与产品单一风险的分散作用也有限，且不利于关系型业务的开展。徐明霞等（2010）对有关企业区域多元化（主要是国际化）进入模式的文献进行了回顾，并重点对关注制度因素的研究进行了综述和评述。

4. 地区经营环境差异对企业国内跨地区经营战略和绩效的影响

例如，宋渊洋和李元旭（2013）、宋渊洋和黄礼伟（2014）、宋渊洋（2015）以及宋铁波等（2016）进行了一系列的研究，为本书的进一步开展奠定了坚实的理论和实证基础。

（三）对现有研究的评述

对现有企业国内跨地区经营相关研究做如下评述：

首先，现有研究主要关注企业跨国经营（Johanson 和 Vahlne，1977；薛有志和周杰，2007；宋渊洋和李元旭，2010）和产品多元化（Luo，2002；贾良定等，2005；陈信元和黄俊，2007）相关研究主题，对企业国内跨地区经营研究较少。与企业跨国经营相比，企业国内跨地区经营是一个新兴的研究领域（宋渊洋和黄礼伟，2014；宋渊洋，2015）。

其次，考虑到国内各个地区在经营环境方面差异很大，国内相关研究已经开始探讨中国企业国内跨地区经营的前因和后果。例如，巫景飞等（2008）探讨了高管政治网络对企业国内跨地区经营的影响，杨晓东（2010）探讨了城市商业银行设立异地分行的影响因素，曹芳（2008）探讨了企业国内地区多元化对管理层薪酬的影响。不过，这方面的研究在数量上还较少，并且集中于探讨企业跨地区经营面临的障碍。由于经营环境差异会导致企业国内跨地区经营成本上升，因此有必要进一步从经营环境差异的角度探讨企业国内跨地区经营面临的障碍和克服这些障碍的方法（宋渊洋和黄礼伟，2014）。

最后，无论是关于企业跨国经营还是少量关于企业国内跨地区经营的研究，均采用制造企业作为样本，较少研究探讨服务企业跨地区经营问题（宋渊洋和黄礼伟，2014）。然而，由于服务企业不能像制造业一样采用出口、通过代理商分销等方式进行跨地区经营，服务企业在跨地区经营过程中受各地区经营环境的影响更大，服务企业的跨地区经营是一个更加值得探讨的问题。因此，有必要探讨服务企业国内跨地区经营问题，以对现有研究形成补充，丰富学术界对企业跨地区经营的理解。

四、本章小结

本章对制度基础观进行了简述，并对经营环境差异和国内跨地区经营两个研究主题在近年来的研究进展进行综述和评述，以明晰目前待解决的问题有哪些，以及现有研究存在哪些不足。通过综述发现，企业国内跨地区经营是一个新兴的研究领域，特别是服务企业国内跨地区经营是一个有重要理论和实践意义的研究课题。从理论视角来看，经营环境差异是一个较新的研究视角，从经营环境差异的视角展开探讨有助于揭示企业国内跨地区经营面临的障碍以及突破这些障碍的方法。

第三章
中国地区间经营环境差异的成因和影响

大量研究表明，中国各个地区的经营环境有较大差异（Seung Ho 等，2006；Luo，2007；Lu 等，2009；Chan 等，2010；樊纲等，2011；宋渊洋和黄礼伟，2014；Lu 等，2018）。本章区分中国各个地区间经营环境差异的维度，描述各个地区之间经营环境差异的现状，并探讨经营环境差异的成因和对企业经营产生的影响。

一、地区间经营环境差异的维度

考虑到地区经营环境受地区制度规则的影响，是地区制度规则的外显形式，本节根据制度规则的类型对地区间经营环境差异进行维度区分。正如前文所指出的，制度规则可以分为正式制度规则和非正式制度规则（North，1990）。与之对应，地区经营环境可以分为正式经营环境和非正式经营环境。非正式经营环境可以进一步区分为认知维度和规范维度（Scott，1995）。在企业跨国经营的相关研究中，考虑到认知维度和规范两个维度很接近（Scott，1995），非常难以区分，相关研究一般将这两个维度合为一个维度进行测量（Xu 等，2004；Gaur 等，2007；Gaur 和 Lu，

2007；Chao 和 Kumar，2010）。Bae 和 Salomon（2010）在综述了经营环境差异相关研究后指出，由于规范维度与文化有较大重叠，因此建议用文化维度来测量地区的非正式经营环境。基于这种考虑，本书也将认知和规范两个维度合并为一个维度，并用文化来测量这一维度（Ghemawat，2001；Berry 等，2010）。

在正式经营环境方面，在企业跨国经营研究中，最有影响力的研究是 Berry 等（2010）。该研究把正式经营环境分为经济、金融、政治（行政）、管理、人口、知识（创新）和全球连通性等维度，较为全面。在关于中国各个地区经营环境测量的研究中，地区经营环境包括总体环境、法律（包括产权保护）、金融和政府干预等维度。本书综合 Bae 和 Salomon（2010）及 Berry 等（2010）的度量思想以及关于中国各地区经营环境维度区分的研究（宋渊洋和刘勰，2015），把正式经营环境分为行政（政治）、经济、金融、创新（法律/知识）四个维度。

值得指出的是，在上述维度中，行政维度与 Berry 等（2010）中的政治环境有相同的内涵。这是由于中国各个地区在政治制度上一致，我们没有使用在国家层面上广为使用的政治环境，而使用区域层面的“行政环境”。行政环境的内涵与关于中国各个地区经营环境测量中的“政府干预”这一概念比较接近。另外，Berry 等（2010）中的知识维度主要指一个地区的人均专利数和科技论文数等，与创新的概念接近。在本书中，我们称这一维度为创新环境。创新环境不仅反映了一个地区创新的活跃程度，而且在某种程度上反映了地区的法律制度环境的好坏（特别是产权保护程度），因为只有在产权保护等法律环境好的地区企业和个人才有动力进行研发。因此，现有文献也把本书所指的创新维度称为地区法律环境（樊纲等，2011；宋渊洋和刘勰，2015）。本书没有将 Berry 等（2010）中的人口、全球连通性和地理距离等维度包含在地区经营环境的维度之内，是因为这些因素不太符合制度内涵。另外，同类研究也很少将这几方面的因素划分为制度因素。同时，与 Bae 和 Salomon（2010）的研究相比，本书进一步细化了地区正式经营环境。

综上所述，本书中经营环境包含的维度如表 3 – 1 所示。相应地，地区间经营环境差异也包含表 3 – 1 中的所有维度。

表 3 – 1　本书经营环境和经营环境差异包含的维度

经营环境类别	非正式经营环境	正式经营环境
包含的维度	文化	经济、金融、行政、创新

如表 3 – 1 所示，本书中地区经营环境和经营环境差异包含经济、金融、行政和创新等正式经营环境维度，以及文化这一非正式经营环境维度。

二、地区间经营环境差异的现状

现有研究主要使用市场化指数来测量中国各个地区的经营环境。市场化指数也能用来描述中国各个地区之间的经营环境差异（宋渊洋和黄礼伟，2014；宋渊洋和刘勰，2015）。基于市场化指数描述各个地区之间的经营环境差异，2008 ~ 2016 年中国各省区市的市场化指数如表 3 – 2 所示（2016 年之后的市场化指数仍未发布）。

表 3 – 2　2008 ~ 2016 年中国各省区市的市场化指数

地区	2008 年	2010 年	2012 年	2014 年	2016 年
北京	7. 24	7. 94	8. 75	9. 37	9. 14
天津	6. 59	7. 06	9. 02	9. 29	9. 78
河北	5. 50	4. 98	5. 44	6. 03	6. 42
山西	4. 29	4. 51	4. 79	5. 15	5. 66

续表

地区	2008 年	2010 年	2012 年	2014 年	2016 年
内蒙古	4.66	4.46	5.19	4.96	4.80
辽宁	6.32	6.24	6.53	6.88	6.75
吉林	5.72	5.42	6.06	6.27	6.70
黑龙江	4.84	4.78	5.94	6.16	6.14
上海	8.79	8.79	8.70	9.77	9.93
江苏	7.84	8.59	9.94	9.64	9.26
浙江	7.78	8.18	9.28	9.73	9.97
安徽	5.92	6.12	6.25	7.40	7.09
福建	6.79	6.72	7.33	8.09	9.15
江西	5.45	5.61	5.68	6.74	7.04
山东	6.89	6.75	7.24	7.76	7.94
河南	5.89	6.08	6.34	6.85	7.10
湖北	5.40	5.50	6.21	7.16	7.47
湖南	5.35	5.47	5.70	6.78	7.07
广东	7.52	7.73	8.33	9.30	9.86
广西	5.68	5.13	6.19	6.48	6.43
海南	4.43	4.68	5.46	5.87	5.28
重庆	6.01	6.22	6.94	7.80	8.13
四川	6.03	6.03	6.03	6.52	7.08
贵州	4.44	3.53	4.33	4.81	4.85
云南	4.49	4.94	4.39	4.81	4.55
西藏	1.27	0.39	0.02	0.71	1.02
陕西	4.33	3.92	5.11	6.29	6.57
甘肃	3.72	3.28	3.26	3.86	4.54
青海	2.95	2.37	2.55	2.53	3.37
宁夏	4.14	3.83	4.28	5.15	5.14
新疆	3.51	2.81	2.87	3.45	4.10

资料来源：Wind 资讯。

从表 3 – 2 可以看出，各个地区的市场化指数总体呈上升趋势，说明中国各个地区的市场化程度在不断提高。但无论是哪一年，中国各个地区的市场化指数都有较大差异。以 2016 年为例，市场化指数高的省市在 9 分以上（浙江、上海、广东等），而市场化指数低的省区市在 4 分以下（西藏和青海），并且很多省区市的分数位于 5 ~ 8 分。上述分析充分表明，各个地区的市场化程度呈现出很大的异质性，说明各个地区的经营环境有较大差异。

由于表 3 - 2 中的市场化指数是一个综合性指标，难以看出各个地区在经营环境的具体方面的差异。因此，有必要进一步基于市场化指数中用得较多的一个分指数——金融市场化程度分析各个地区金融环境的差异。2008 ~ 2016 年中国各省区市的金融市场化程度如表 3 - 3 所示。

表 3 - 3　2008 ~ 2016 年中国各省区市的金融市场化程度

地区	2008 年	2010 年	2012 年	2014 年	2016 年
北京	4.62	5.02	5.14	5.11	6.13
天津	4.76	5.05	5.98	6.55	8.24
河北	6.31	6.52	8.27	9.06	6.88
山西	5.38	6.11	7.11	7.51	5.56
内蒙古	5.73	6.25	7.45	7.84	5.69
辽宁	7.50	7.86	8.74	9.12	7.45
吉林	5.55	5.83	6.75	7.49	6.06
黑龙江	4.25	4.64	5.62	5.79	5.03
上海	6.60	7.22	8.51	8.91	8.93
江苏	7.58	7.86	9.29	9.38	9.83
浙江	10.00	10.03	11.04	10.75	10.12
安徽	5.32	5.80	7.14	7.19	6.52
福建	7.04	7.58	8.75	9.30	10.40
江西	5.79	6.33	7.49	7.87	7.72
山东	8.36	8.58	9.60	10.08	7.80
河南	6.37	6.64	8.00	8.84	7.02
湖北	5.86	6.33	7.26	7.41	5.78

续表

地区	2008 年	2010 年	2012 年	2014 年	2016 年
湖南	4.74	5.22	5.98	6.16	6.54
广东	8.13	8.28	9.28	9.89	9.36
广西	4.13	4.81	6.32	6.93	6.71
海南	2.97	3.50	5.20	6.89	4.99
重庆	5.15	5.41	6.53	7.62	7.65
四川	5.45	5.83	6.82	7.70	5.93
贵州	3.37	4.01	4.77	6.14	5.69
云南	5.02	5.40	6.45	7.38	4.99
西藏	1.44	1.64	0.12	0.78	1.02
陕西	4.08	4.38	5.16	5.79	4.65
甘肃	4.56	4.95	5.30	7.15	4.73
青海	1.89	2.23	3.56	3.89	3.69
宁夏	5.82	5.72	7.14	8.42	6.52
新疆	3.38	4.31	5.29	5.52	4.64

资料来源：Wind 资讯。

从表 3－3 可以看出，总体上各省区市的金融市场化程度呈上升趋势，表明随着时间的推移各个地区的金融市场化程度在持续提高。不过，各个地区在金融市场化程度方面的差异持续存在。例如，2016 年，金融市场化程度得分最高的是福建（10.40），最低的是西藏（1.02），还有很多地区的得分低于 5 分。这充分说明了各个地区的金融市场化程度有较大差异。从各个地区的市场化指数和金融市场化程度的描述性统计来看，上述结论更为明显。2008～2016 年中国各省区市的市场化指数和金融市场化程度的描述性统计如表 3－4 所示。

表 3－4　2008～2016 年中国各省区市市场化指数和金融市场化程度的描述性统计

年份	市场化指数			金融市场化程度		
	均值	标准差	标准差/均值	均值	标准差	标准差/均值
2008	5.48	1.59	0.29	5.39	1.85	0.34
2010	5.42	1.89	0.35	5.79	1.78	0.31

续表

年份	市场化指数			金融市场化程度		
	均值	标准差	标准差/均值	均值	标准差	标准差/均值
2012	5.94	2.14	0.36	6.78	2.07	0.31
2014	6.50	2.16	0.33	7.37	1.99	0.27
2016	6.72	2.13	0.32	6.52	2.00	0.31

由表3－4可以看出，各年份市场化指数总体呈上升趋势，但标准差也呈上升趋势。总体上各个地区在金融市场化程度的差异与在市场化指数的差异比较类似，并且这种差异总体较平稳。由于可以用标准差除以均值来衡量数据的离散程度，标准差除以均值的数值在不同年份比较稳定，说明各个地区的经营环境差异并未随着时间的推移而消失。上述分析充分说明了中国各地区的经营环境存在较大差异，而且这种差异并未随着时间的推移而下降，因此探讨这种差异对企业经营的影响有重要的现实意义。

三、地区间经营环境差异的成因

由于经营环境是各类制度规则的外显，本节从地区间制度规则差异的视角揭示地区经营环境差异的成因。制度由正式制度和非正式制度构成，另外制度的执行特征也是经营环境的重要方面（North，1990，1991；宋渊洋和刘勰，2015）。本章前文分析和现有研究表明，中国各个地区在经营环境方面仍然存在巨大差异（樊纲等，2011；方颖和赵扬，2011），这种差异的成因是一个值得进一步探讨的问题。本节将深入剖析中国地区间经营环境差异的成因。各个地区之间经营环境差异的成因如图3－1所示。

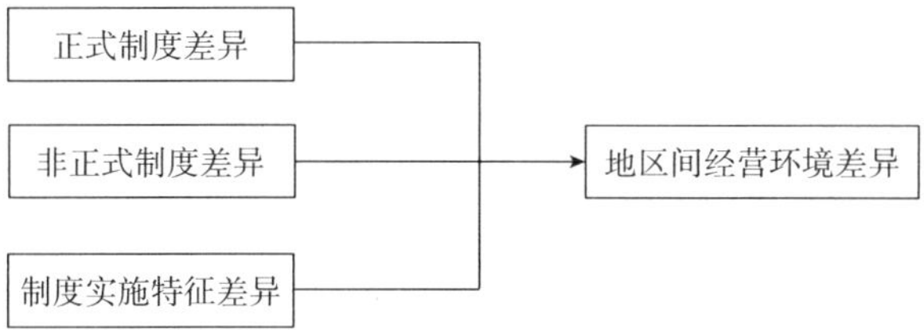

图 3－1　地区间经营环境差异的成因

由图 3－1 可以看出，三方面的原因导致各个地区之间存在较大的经营环境差异（宋渊洋和黄礼伟，2014；宋渊洋和刘勰，2015）。首先，虽然各个地区共享了共同的法律法规等制度，但由于存在大量的法律补充规定、地方性法规和行政规定，导致地区间仍然在正式制度规则方面有细微差异。其次，各个地区在非正式制度方面有差异也导致地区间出现经营环境差异。例如，各地区的文化和习俗有较大差异。最后，由于各个地区制度实施者的能力和激励有差异，各个地区的制度实施特征有较大差异，导致地区间存在较大的经营环境差异。下面从以上三个方面详细论述各个地区的经营环境有较大差异的原因。

（一）地区性正式制度差异

虽然各个地区共享了很大部分的正式制度规则，但在正式制度方面仍存在差异。以法律制度为例，虽然中国各地区遵守同一套法律法规，但由于各个地区存在对法律的补充规定、地方性法规和行政规定，导致各个地区在法律规定和执行等方面有一定差异。这种差异是地区经营环境有差异的重要原因。

例如，在所得税方面，虽然各地区都施行同样的《中华人民共和国企业所得税法》，但各地区企业面临的企业所得税法律环境有细微差异（李元旭和宋渊洋，2011）。这是因为在所得税法第四章中对税收优惠做了规定，按照规定：①国家对重点扶持和鼓励发展的产业和项目，给予企业所得税优惠；②民族自治区的自治机关对本民族自治区的企业应缴纳的企业所得税中属于地方分享的部分可以决定减征或者免征；③符合条件的小型微利企业和国家重点扶持的高新技术企业也有所得税优惠；④其他所得税优惠规定。按照上述规定，不同地区、行业和规模的企业面临的所得税法律环境有一定差异。

另外，国务院还出台了一系列规定，这些规定对企业所得税优惠也有重要影响。例如，按照《中华人民共和国企业所得税法》规定，国家重点扶持的高新技术企业按较低的税率征收企业所得税。另外，国务院还曾发布《国务院关于经济特区和上海浦东新区新设立高新技术企业实行过渡性税收优惠的通知》（国发〔2007〕40 号）。在该通知中规定，在经济特区（深圳、珠海、汕头、厦门和海南经济特区）和上海浦东的高新技术企业第一年至第二年免征企业所得税，第三年至第五年按照 25% 的法定税率减半征收企业所得税。这些行政规定的出台直接导致不同地区的高新技术企业面临的所得税法律环境有较大差异。这种差异对企业区位选择有重要影响，导致企业倾向于注册在税收优惠大的地区，即使企业的经营活动可能不在该地区。

事实上，中国地区性的所得税优惠由来已久。例如，为推动特定区域的经济发展，政府针对特定区域出台了较多税收优惠政策。中国长期以来对下列区域实施较大幅度的所得税优惠：经济特区（深圳、珠海、汕头、厦门和海南省）、沿海开放城市、沿海经济开放地区、经济技术开发区、专为台湾省设立的投资区、上海浦东开发区、保税区、高新技术开发区、边境开放城市及苏州工业园区等（王延明，2003）。这种政策推动了这些区域的企业和经济发展，也导致企业在不同地区面临不同的税收环境。

综上所述，虽然表面上各个地区遵循同样的正式制度，但由于国家相关部门出台的一些规定和地方性规定，导致企业在各个地区面临的正式制度环境有一定差异，这是各个地区存在经营环境差异的重要原因之一。

（二）非正式制度差异

除了正式制度规则的差异，各个地区在非正式制度规则方面也存在差异。由于非正式制度占比往往更大（North，1990），各个地区在非正式制度方面的差异可能是地区之间存在较大经营环境差异更为重要的原因。具体而言，非正式制度包括文化和习俗等诸多方面。由于各个地区的地理和历史条件等不同，非正式制度也有较大差异。例如，与中西部地区相比，东部地区由于接触国外的历史较为悠久，对国外产品的接受程度往往较高。

以各地区金融环境为例，由于某些非正式制度安排，各个地区企业面临截然不同的金融环境。金融环境的重要方面之一是融资环境，这是因为融资有帮助企业扩大生产规模和抵御风险等重要功能。由于非正式金融发达，温州等地的企业面临更为宽松的融资环境。据测算，温州民间借贷2010年6月末的时点余额规模约为800亿元，而同期温州全市银行贷款规模是5050亿元（钟士取，2011），非正式融资占总融资的比重为13.68%。相对于其他地区，温州地区的企业在融资方面有更多选择，面临更为宽松的金融环境。

值得指出的是，由于中国民族众多，并且各个民族倾向于聚居在一定区域，导致企业在各个地区面临的文化和社会习俗环境有较大不同。例如，广西生活的壮族、西藏生活的藏族以及新疆生活的维吾尔族都有自己悠久的历史传统。他们无论是在生活习惯，还是在宗教信仰和社会习俗等方面均有自己的特色。这种特色和差异导致各个地区的非正式经营环境有较大差异，也是中国地区间存在经营环境差异的重要原因之一。

（三）制度实施特征差异

经营环境差异还可能源于制度实施特征的差异。例如，Peng等（2017）基于全球知识产权保护的历史经验指出，当以盗版为生的企业在一个国家或地区占了很大比重时，该国家或地区可能缺乏严格保护知识产权的动机，导致该国家或地区的知识产权制度的执行程度较差。现有研究也发现虽然中国各个地区共享同一套知识产权保护法律，但各地区在知识产权保护方面仍存在较大差异（樊纲等，2011）。

另外，以税收为例，虽然中国各个地区都施行同样的所得税法，但由于税法执行的差异，各个地区企业面临的企业所得税环境有较大差异（李元旭和宋渊洋，2011）。具体而言，对于税法中的所得税优惠政策的实施，经济特区等地域在税率优惠方面有硬性规定，很多优惠政策的实施也有一定弹性：在审批时尽管需要通过一些硬性指标提供操作标准，但可以直接通过软性条件操作或可用软性条件替代（吴文锋等，2009）。由于这些软性条件的认定缺乏完全客观的标准，地方政府在决定企业享受所得税优惠方面有很大的支配权力和决策空间，这客观上使地方政府有能力为当地企业提供所得税优惠。由于各地方政府提供优惠的动机有强弱，各个地区的所得税征管程度有较大差异，导致企业在各个地区缴纳的实际所得税率有较大差异（李元旭和宋渊洋，2011）。

在实证研究方面，李元旭和宋渊洋（2011）发现不同地区的所得税优惠力度有较大差异，适用所得税率和实际所得税率从低到高的排序是：经济特区、西部地区、上海、中部地区、东部地区。地区市场分割越严重，本地企业越有可能享受所得税率优惠，企业的适用所得税率和实际所得税率越低。该研究充分表明，虽然各个地区的所得税法律基本一致，但由于法律执行差异，企业在各个地区面临的所得税法律环境有一定差异。

四、地区间经营环境差异对企业经营的影响

地区间经营环境差异对企业经营产生了深刻影响，主要表现有两个方面（宋渊洋和黄礼伟，2014；宋渊洋，2015）：首先，地区间经营环境差异提高了企业经营环境的复杂性；其次，地区间经营环境差异导致企业跨地区经营成本上升，阻碍了企业国内跨地区经营。

（一）经营环境差异提高了企业经营环境复杂性

由于正式制度、非正式制度和制度实施特征的差异，中国各个地区的经营环境有较大差别，这种差别主要表现在：首先，在经营环境的同一个维度上，不同地区有较大差异。例如，本章前文的分析表明中国各个地区在金融环境方面有较大差异。由于各个地区在经营环境的各个维度上呈现出较大差异，导致企业在跨地区经营时面临极为不同的地区经营环境。其次，各个地区在不同经营环境维度上的表现不成正比，如城市 A 的金融环境好于城市 B，但在创新环境方面城市 A 可能次于 B。这导致企业在熟悉各个地区的某一经营环境维度之后，不能由此类推其他经营环境维度的相关情况。

中国各个地区间经营环境差异同时包含了以上两方面的差异，导致企业在各个地区面临的经营环境截然不同，在很大程度上提高了企业经营环境的复杂性。这种复杂性主要体现在：首先，由于各个地区在经营环境的具体方面差异很大，企业面临的不是一个大的和同质性的国内市场，而是一个个零散和异质性的地方性市场。其次，由于经营环境各个维度之间没有确定联系，导致企业在不同经营环境维度上面临的情况可能大不相同，使企业更难以对经营环境及其变化趋势做出准确预测。

（二）经营环境差异阻碍了企业国内跨地区经营

各个地区之间的经营环境差异导致企业在跨地区经营时伴随大量成本。例如，由于各个地区经营环境千差万别，企业在一个地区获得的经营经验并不能复制到另一个地区，导致企业需要熟悉即将进入地区的经营环境，这无疑需要投入大量成本。与正式经营环境规则相比，企业熟悉经营环境中的非正式规则需要花费更多的时间和精力。如果不熟悉各个地区非正式经营环境规则，企业可能违反规则行事，导致企业被当地相关方惩罚甚至丧失商业机会。因此，经营环境差异导致企业跨地区经营过程中出现大量额外成本，这无疑在很大程度上阻碍了企业国内跨地区经营，使企业在国内跨地区经营方面表现较差。

五、本章小结

本章主要论述了中国地区间经营环境差异的成因和影响。首先，区分了中国各个地区间经营环境差异的维度；其次，基于市场化指数描述了中国地区间经营环境差异的现状，发现中国各个地区间的确存在较大的经营环境差异；再次，从地区性正式制度、非正式制度以及制度实施特征三个方面分析了地区间经营环境差异的成因；最后，论述了经营环境差异对企业经营的影响。

第四章

经营环境差异对企业国内跨地区经营的影响机理

本章探讨经营环境差异对企业国内跨地区经营战略和绩效的影响机理。首先分析经营环境差异对企业外部和内部合法性的影响；其次介绍经营环境差异对企业跨地区经营的外部交易成本和内部经营管理成本的影响；最后介绍经营环境差异对企业制度套利的影响。本章的分析旨在为进一步提出理论模型和研究假设奠定基础。

经营环境差异对企业国内跨地区经营的影响主要体现在二方面（见图4－1）。

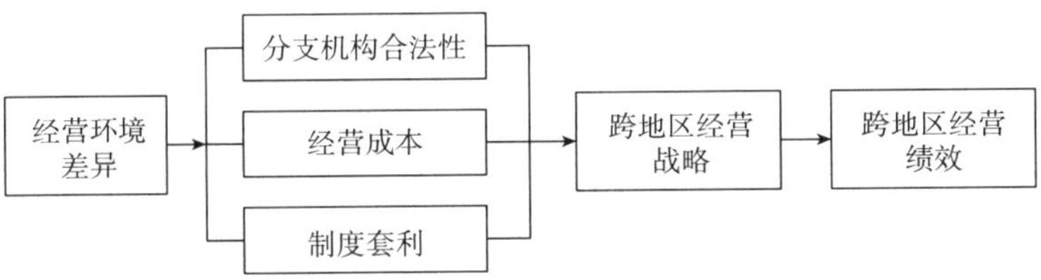

图4－1　经营环境差异对企业国内跨地区经营的影响途径

如图4－1所示，首先，经营环境差异会提高企业在目标市场建立和维持合法性的难度。其次，经营环境差异会影响企业跨地区经营成本，导致企业跨地区经营成本上升。最后，经营环境差异为企业提供了制度套利机会。经营环境差异对企业合法性、经营成本和制度套利的综合影响进一步决定了企业跨地区经营战略和跨地区经营绩效。

一、经营环境差异对企业分支机构合法性的影响

经营环境是企业的外部约束，在经营环境中规则的约束下企业的行为会趋同（DiMaggio 和 Powell，1983）。企业行为趋同实质是在经营环境规则的约束下某些行动集合变得不可行。企业行为不仅要符合所在地区的正式经营环境规则，而且受地区非正式经营环境规则（如社会习俗和社会道德）的影响。例如，2008 年汶川地震后，大型企业被期望承担更多的社会责任，此时，不捐或少捐的选择变得不可行，企业只有捐出合乎公众期望的金额才能得到社会认可，获得“合法性”。例如，汶川地震后万科首次捐赠 220 万元。由于捐款数额低于公众期望，万科受到社会各界的批评，股价一路下跌。后来，万科迫于压力宣布以 1 亿元资金参与灾后重建，才得以缓解企业遭遇的合法性危机。

从制度基础观的视角来看，企业的运营只有合乎经营环境中的制度规则的要求才能获得持续运营的合法性，才能不断得到组织内外部利益相关者的支持，才能实现商业目的。当企业进行跨地区经营时，企业在目标市场成立的分支机构为存活和获得良好业绩，就需要获得组织内部和外部利益相关者的支持，即获得组织内部和外部合法性。因此，本节将论述经营环境差异对企业分支机构建立合法性的影响。

（一）经营环境差异对外部合法性的影响

当企业进行跨地区经营时，企业面临的首要问题是如何使分支机构获得目标市场利益相关者的认可，即在目标市场建立外部合法性。组织合法

性就是组织被所在环境的接受程度（Hannan 和 Freeman，1977；Meyer 和 Rowan，1977）。Kostova 和 Zaheer（1999）认为，三方面因素会影响组织合法性，即环境的制度属性、组织特征和环境对组织合法性的感知过程。经营环境差异属于环境的制度属性，无疑会影响组织在目标市场建立合法性的难度。一般而言，经营环境差异越大，企业在当地建立合法性的难度越高。企业建立合法性大致可以分为熟悉当地经营环境和满足经营环境中制度规则的要求两个步骤（宋渊洋和黄礼伟，2014；宋渊洋，2015）。经营环境差异对上述两个阶段均有负向影响。

一方面，经营环境差异越大，企业熟悉当地经营环境的难度越高。经营环境中的制度规则由规制、认知和规范三个方面构成（Scott，1995，2001），这三个方面的隐性程度不同，即它们被明确编码和被观察者（尤其是外部观察者）感知的程度有较大不同。规制维度是最容易被观察和正确解释的，因为它主要由内容较为明晰的法律、规则和规章构成。与规制维度相比，规范和认知维度更难以感知和解释，导致企业在熟悉规范和认知维度的经营环境规则方面面临更多的困难和挑战。总体上，地区之间的经营环境差异越大，企业熟悉目标市场的经营环境（特别是规范和认知维度）的难度越高（宋渊洋，2015），在相关决策方面遇到的困难越大，也越有可能由于不熟悉目标市场的经营环境规则而做出不恰当决策，导致企业在目标市场的外部合法性下降。

另一方面，经营环境差异越大，企业越难以满足当地经营环境的要求。为在当地建立合法性，企业需要采用与当地企业类似的组织结构和战略等，即与当地组织同形。由于企业总部往往对子公司有种种约束，总部允许子公司采用的管理实践可能并不是当地经营环境下所通行或最优的选择。因此，当经营环境差异加大时，企业满足当地经营环境要求的难度提高，更难在当地建立合法性（Kostova 和 Zaheer，1999；Kostova 和 Roth，2002）。

综上所述，经营环境差异越大，企业越难以熟悉目标市场经营环境和满足经营环境的要求，分支机构在目标市场获得外部合法性的难度越大。

（二）经营环境差异对内部合法性的影响

分支机构既需要获得在当地市场的外部合法性，又需要获得企业内部合法性。内部合法性指某个分支机构得到公司总部及内部其他分支机构接受和支持的程度。与外部合法性类似，内部合法性对于企业分支机构的存活极为重要。因为，分支机构只有获得内部合法性，才能从其他分支机构和总部源源不断地获得组织资源（如资本和知识），才能实现可持续成长。企业分支机构获得内部合法性的一个非常重要的策略是采用公司内部制度化的组织结构、政策和实践（Kostova 和 Zaheer，1999）。只有这样分支机构才能被总公司和其他分支机构看作正常的和合法的，即获得内部合法性。

然而，企业的组织结构、政策和实践往往被打上外部经营环境的烙印。因为，企业采用的现有组织结构、政策和实践往往反映了企业面临的经营环境对企业的要求。当企业在一个经营环境差异大的地区建立新的分支机构时，由于当地经营环境与企业总部所在地的经营环境有很大不同，客观上要求新的分支机构在组织结构、政策和实践等方面采用与总公司和其他分支机构有较大不同的做法。在这种情况下，由于新建立的分支机构的做法与公司总部和其他分支机构有很大差异，导致新成立的分支机构被总部和其他分支机构认可的可能性较低，即内部合法性较低。

综上所述，经营环境差异越大，企业分支机构越可能采用与公司总部和其他分支机构不同的组织结构、政策和管理实践，导致分支机构得到总部和其他分支机构认可的程度越低。因此，经营环境差异越大，分支机构的内部合法性越低。

二、经营环境差异对企业跨地区经营成本的影响

企业跨地区经营成本可以分为外部交易成本和内部经营管理成本两部分（宋渊洋，2015），经营环境差异对这两方面的成本均有正向影响。

（一）经营环境差异对外部交易成本的影响

各个地区之间的经营环境差异导致企业在经营过程中出现大量交易成本。交易成本可以分为事前交易成本和事后交易成本（Williamson，1985），经营环境差异对这两方面的交易成本均有正向影响。

经营环境差异对事前交易成本有正向影响。事前交易成本包括签约、谈判和保障契约等方面的成本。企业跨地区经营的第一步是了解目标市场的经营环境，以为进一步决策奠定基础。目标市场经营环境可以分为正式经营环境和非正式经营环境。企业为了解正式经营环境可以向第三方求助，或做相应研究工作，以了解目标地的法律、法规和相关的行业自律规范等。这一切都需要付出成本，并且这种成本与经营环境差异正相关。与正式经营环境相比，企业熟悉非正式经营环境需要投入更多的时间和成本。因为，由于非正式经营环境是隐性的，企业难以通过咨询和聘请顾问等形式便利地获得相应知识，往往需要通过经营实践慢慢熟悉当地非正式经营环境。目标市场与公司所在地的非正式经营环境差异越大，企业熟悉当地非正式经营环境投入的成本越大，花费的时间越长。另外，经营环境差异越大，企业的运作方式和管理者思考问题的方式差异越大，导致签约、谈判和保障契约的成本越高。以上方面均导致经营环境差异越大，企业需要承担的事前交易成本越高。

经营环境差异对事后交易成本也有正向影响。事后交易成本包括契约

不能适应导致的成本、双方调整适应过程中讨价还价的成本以及解决双方纠纷与争执的成本等。经营环境差异越大，信息不对称程度越高，企业签订契约的不完备性程度越高。因此，经营环境差异越大，契约不能适应双方环境变化的可能性越高，越需要进行进一步的协商和修改契约，导致交易成本越高。另外，经营环境差异越大，交易双方沟通难度越高，越难以达成共识，导致在调整适应过程中的讨价还价成本和解决双方纠纷与争执的成本大幅上升。以上方面均导致经营环境差异越大，事后交易成本越高。

随着经营环境差异不断变大，企业更有可能违反子公司所在地的经营环境中的制度规则，需要承担由此带来的交易成本，这既可能属于事前交易成本也可能属于事后交易成本。经营环境中的制度规则包括正式和非正式制度规则，企业可能由于违反正式和非正式制度规则带来大量成本。这种成本主要由以下几个部分构成：首先，企业可能由于违反政府相关规定而受到制裁，付出大量成本。其次，企业可能由于违反当地商业非正式规则而导致与当地商业伙伴的关系恶化，从而丧失相应的商业机会。最后，企业可能由于违反当地的社会习俗而被民众抵制。例如，一个企业在信仰伊斯兰教的地区经营时必须熟悉当地民众的信仰和风俗习惯，违反这些非正式制度规则可能导致民众抵制企业在当地的经营活动，给企业带来大量成本。

综上所述，经营环境差异越大，企业跨地区经营涉及的事前和事后交易成本越高，即经营环境差异提高了企业外部交易成本。

（二）经营环境差异对内部经营管理成本的影响

经营环境差异对企业内部经营管理成本有正向影响，主要体现在以下两个方面：

首先，经营环境差异越大，企业知识转移难度越大，内部经营成本越高。企业跨地区经营时，成本节省在很大程度上是由于在一个地区的商业实践可以复制到另一个地区，即一个地区的经营知识可以转移到另一个地区（Kostova，1999）。这种内部知识转移可以为企业节省大量的探索时间和相关成本，其成功可能性与经营环境差异负相关。这是因为，企业在目标市场设立的分支机构为获得在当地经营的合法性，往往倾向于使用与当地经营环境相符合、能带来合法性的组织形式、结构和实践（Meyer 和 Rowan，1977；Powell 和 DiMaggio，1991）。当经营环境差异加大时，从总部和其他分支机构转移来的管理实践更可能不符合当地经营环境的要求，导致转移难度提高甚至失败（Kostova，1999）。由于内部管理实践难以转移到位于经营环境差异大的地区的分支机构，分支机构需要重新探索合适的经营管理办法，这无疑需要投入大量时间和成本，并且极有可能由于犯错误而导致失败。因此，经营环境差异越大，企业内部经营成本越高。

其次，随着经营环境差异加大，企业内部管理复杂性会提高，导致内部管理成本也会大幅提升。在进行跨地区经营时，企业需要管理和协调位于各个地区的分支机构。当经营环境差异加大时，分支机构面临的经营环境与企业总部面临的经营环境的差异性增加，总部难以用既定的办法来管理和控制位于经营环境差异大的地区的分支机构，往往需要根据分支机构面临的制度约束制定针对性的管理措施。由于信息不对称和经验缺乏，总部决策和执行的复杂性大为提升，相应的决策成本上升。另外，经营环境差异大还会导致总部决策失误的可能性大为上升，使分支机构对总部的决策认同度不高甚至拒绝执行，导致内部管理和协调成本上升。

综上所述，随着经营环境差异加大，企业在目标市场成立和管理分支机构的成本会大幅上升，即经营环境差异与企业内部管理成本正相关。

三、经营环境差异对企业制度套利的影响

（一）制度套利的内涵和运作机理

“套利”一词源于金融，是指利用不同地区的利息率差价和货币汇率

差价进行牟利的行为。在本书中，制度套利是利用不同地区经营环境差异进行牟利的行为（宋渊洋和李元旭，2013）。制度套利的可行是由于经营环境差异为企业提供了更多选择，使很多组织活动变得可行。例如，不同地区的环境法规和环境标准有所不同。一家位于环境规制非常严格地区的企业可以利用各个地区在环境规制方面的差异，进入环境法规较为宽松的地区，在这些地区进行排污较大的生产等环节，在合乎组织所在地法律法规的情况下获得更多利益。再如，不同地区的知识产权保护力度有较大差异，位于知识产权保护力度小的地区的企业可以通过将研发中心搬到知识产权保护力度大的地区，利用更为严格的知识产权保护环境来保护组织的核心知识，以获得可持续竞争优势。

（二）经营环境差异对企业制度套利的影响

在跨地区经营时，企业可以通过制度套利获得收益。例如，不同国家的环境法规和环境标准是不同的。对一家位于发达国家的企业而言，其完全可以利用经营环境在环境保护规则方面的差异，通过进入环境法规较为宽松的发展中国家，使组织面临的外部制度环境约束趋于多样性，然后利用这种经营环境的差异在发展中国家进行排污较大的生产等环节，在合乎组织所在地法律法规的情况下获得更多的利益。对于服务企业而言，制度套利同样存在。以证券企业为例，由于各地区在知识产权保护等方面存在较大差异（樊纲等，2011），证券企业可以把知识密集的环节放在知识产权保护好的地区，以充分保护公司的核心知识。

制度套利的另一面是企业利用多样化的经营环境发展出截然不同的资源和能力（Gaur 和 Lu，2007），并利用这些异质性的资源和能力提高企业竞争力。例如，由于竞争激烈和知识产权保护更好等原因，企业位于上海的分支机构往往在研究方面投入了更多资源，有更强的研究能力。企业总公司可以利用分支机构在上海地区发展起来的研究能力服务其他地区的分支机构，以及利用研究方面的优势进一步开拓内地市场。再如，不同地区的金融发展程度有一定差异（樊纲等，2011）。与金融发展程度高的地区相比，在金融发展程度低的地区经营对企业处理企业与银行等资金所有者的关系提出了更高要求，客观上导致位于金融发展程度低的地区的分支机构在处理企业与资金提供者之间关系方面的能力更强。这种分支机构层面的能力可以通过知识管理等方式转换为企业整体的处理企业与资金提供者之间关系的能力，从而帮助其他地区的分支机构更好地获得资金提供者的支持，这有助于改善企业面临的整体融资环境，最终为企业带来价值增值。因此，经营环境差异能使企业发展出异质性的资源和能力，这也是制度套利的好处之一。

综上所述，经营环境差异为企业提供了制度套利机会。经营环境差异越大，制度套利的收益越高。

四、本章小结

本章梳理了经营环境差异对企业国内跨地区经营的影响途径和机理。分析了经营环境差异对企业建立和维持合法性、跨地区经营成本和制度套利的影响，表明经营环境差异对企业建立和维持合法性有负向影响，对制度套利和经营成本有正向影响。上述影响途径和机理的梳理为进一步提出经营环境差异与企业国内跨地区经营战略和绩效之间关系的理论模型和研究假设奠定了理论和机制基础。

第五章

经营环境差异与企业国内跨地区经营的研究假设

第三章和第四章详细论述了中国各地区之间经营环境差异的成因以及经营环境差异对企业国内跨地区经营过程中建立和维持合法性、经营成本以及制度套利的影响。本章基于前两章进一步通过理论分析提出概念模型和研究假设。

一、经营环境差异与企业跨地区经营绩效的概念模型

现有研究侧重于探讨经营环境差异对企业跨国经营的影响（Kostova 和 Zaheer，1999；Xu 和 Shenkar，2002；潘镇等，2008；Fortwengel，2017；许家云等，2017；Gu 等，2019；薛求知和帅佳旖，2019），关于经营环境差异与企业国内跨地区经营的研究相对较少。首先，本书试图探讨经营环境差异对中国企业国内跨地区经营绩效的影响，在研究范围上进行了较大拓展。其次，由于经营环境差异的相关研究起步较晚，现有研究在经营环境差异的度量方面还有较大改进空间。针对这一局限，本书在回顾经营环

境差异相关文献的基础上提出经营环境差异的五个维度（文化、经济、金融、行政和创新），并发展出相应的测量方法。最后，现有研究对经营环境差异影响机理的探讨仍有待深化。本书通过设置中介变量和调节变量试图明晰经营环境差异对企业国内跨地区经营绩效的影响机理，进一步拓展现有研究。

在主流的制度基础观相关研究中（Peng 和 Heath，1996；Peng，2002，2003；Peng 等，2005，2008，2009），经营环境与企业战略和绩效的关系如图 5－1 所示。

图 5－1　经营环境与企业战略和绩效的关系

资料来源：根据 Peng 等（2009）绘制。

由图 5－1 可以看出，经营环境是企业运营的外部约束，在很大程度上决定了企业的交易和生产成本以及进行某项经济活动的可行性（North，1991），对企业战略选择有重要影响。企业战略选择又在很大程度上决定了企业能否在竞争中有效地战胜对手，能否取得好的业绩。因此，制度基础观的研究逻辑是经营环境—企业战略选择—企业绩效（Peng 等，2009）。

将制度基础观经营环境—企业战略选择—企业绩效的研究逻辑应用到企业国内跨地区经营，可以得到经营环境差异—企业国内跨地区经营战略—企业国内跨地区经营绩效的概念模型（见图 5－2）。

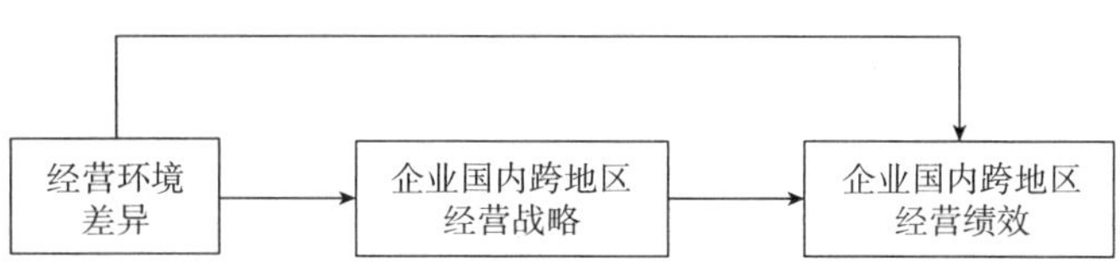

图 5－2　经营环境差异与企业国内跨地区经营战略、经营绩效的关系

由图 5 －2 可以看出，经营环境差异会影响企业国内跨地区经营战略，而国内跨地区经营战略又在很大程度上决定了企业国内跨地区经营绩效。该概念模型的内在理论逻辑是经营环境差异会影响企业国内跨地区经营的成本和收益，从而影响企业国内跨地区经营战略选择和跨地区经营绩效。值得指出的是，图 5 －2 还表明了经营环境差异对企业国内跨地区经营绩效有直接影响，这是因为经营环境差异可以直接影响企业的协调和控制等成本以及跨地区经营的收益。因此，经营环境差异对企业跨地区经营绩效有直接影响。

经营环境差异现有研究的一个潜在假定是经营环境差异对企业经营的影响只与经营环境差异的大小有关，而与企业所处地区的经营环境相对发展水平无关（Kostova，1999；Xu 和 Shenkar，2002；Xu 等，2004；潘镇，2006b；Gaur 等，2007；潘镇等，2008；Berry 等，2010；Chao 和 Kumar，2010；吴晓云和陈怀超，2011；殷华方和鲁明泓，2011）。事实上，这种假定较为牵强，因为经营环境差异对企业跨地区经营的影响不仅与经营环境差异大小有关，而且与企业所处地区的经营环境相对发展水平有关。

一般而言，在经营环境差异相同的情况下，位于经营环境相对发展水平低的地区的企业向经营环境相对发展水平高的地区进行跨地区经营的难度要低于位于经营环境相对发展水平高的地区的企业向经营环境相对发展水平低的地区进行跨地区经营所伴随的难度。一方面，经营环境发展水平高的地区的经营环境规则往往更加透明和公正，企业熟悉规则的难度较低。因此，位于经营环境相对发展水平低的地区的企业在跨地区经营时由于进入的是经营环境相对较好的地区，其成本和风险更低。另一方面，由于经营环境发展水平高的地区的经营环境规则更加透明和公平，企业由于不了解规则而违反规则的可能性降低，并且能省去大量的用于疏通关系的灰色成本，这也导致经营环境差异对位于不同经营环境相对发展水平地区的企业的影响程度不一样。

上述分析表明经营环境相对发展水平在经营环境差异对企业国内跨地区经营战略和跨地区经营绩效的影响中有调节作用（见图 5 －3）。

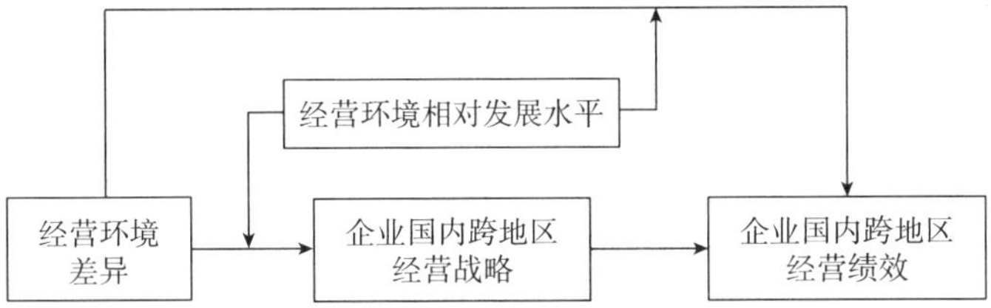

图5－3　经营环境相对发展水平的调节作用

由图5－3可以看出，经营环境相对发展水平在经营环境差异对企业国内跨地区经营战略和经营环境差异对企业国内跨地区经营绩效的影响中有调节作用。在经营环境差异对企业跨地区经营战略方面，由于经营环境差异对位于经营环境相对发展水平高的地区的企业到经营环境发展水平低的地区进行跨地区经营的阻碍大于位于经营环境相对发展水平低的地区的企业向经营环境发展水平高的地区进行跨地区经营的障碍。因此，在经营环境差异相同的情况下，位于经营环境相对发展水平高的地区的企业更不愿意到经营环境相对发展水平低的地区进行跨地区经营。与之类似，位于经营环境相对发展水平高的地区的企业到经营环境相对发展水平低的地区进行跨地区经营时比位于经营环境相对发展水平低的地区的企业到经营环境相对发展水平高的地区进行跨地区经营难以取得更好的经营业绩。

跨地区经营经验对企业进行国内跨地区经营极为重要。当企业在多个地区的多样化经营环境中开展经营时，企业会拥有在不同经营环境与相关方打交道的经验，如扫描经营环境、识别重要角色、感知合法性要求和与相关方讨价还价等（Kostova 和 Zaheer，1999）。无疑，上述跨地区经营经验对企业克服经营环境差异带来的跨地区经营障碍极为重要。一方面，跨地区经营经验有助于企业熟悉目标市场的经营环境；另一方面，跨地区经营经验有助于企业更好地与相关方进行商业活动，以及在违反经营环境规则时更有效地进行危机公关。

综上所述，跨地区经营经验有助于克服经营环境差异对企业国内跨地区经营战略和绩效的负向影响，即跨地区经营经验在经营环境差异对企业国内跨地区经营战略和跨地区经营绩效的影响中有调节作用（见图5－4）。

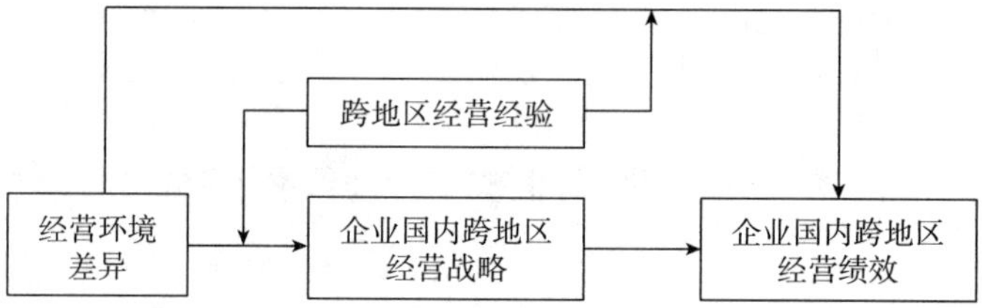

图5－4　跨地区经营经验的调节作用

由图5－4可以看出，首先，跨地区经营经验在经营环境差异对企业国内跨地区经营战略的影响中有调节作用。由于经营环境差异加大了企业在目标市场的经营成本，导致经营环境差异越大，企业越不会在目标市场使用激进的跨地区经营战略。经营环境差异对企业跨地区经营战略的负向影响对跨地区经营经验丰富的企业更弱，这是因为跨地区经营经验丰富的企业在熟悉各个地区的经营环境方面面临的障碍更小，能有效地克服经营环境差异带来的负面影响。其次，跨地区经营经验在经营环境差异对企业国内跨地区经营绩效的影响中也有调节作用。这是因为跨地区经营经验有助于企业熟悉目标市场的经营环境，以及在出现纠纷时有效地与目标市场的利益相关者打交道，使企业不会出现违反当地经营环境的情况。因此，企业跨地区经营经验越丰富，经营环境差异对企业国内跨地区经营绩效的负向影响越小。

综合图5－2、图5－3和图5－4可以发现，经营环境差异通过影响企业国内跨地区经营战略对企业国内跨地区经营绩效产生影响。同时，经营环境相对发展水平和跨地区经营经验在经营环境差异对企业跨地区经营战略和跨地区经营绩效的影响中有调节作用。综上所述，可以得到本书的概念模型（见图5－5）。

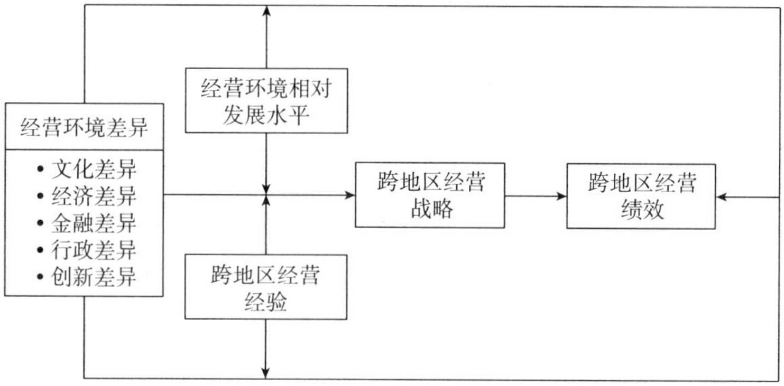

图 5－5　经营环境差异与企业国内跨地区经营绩效的概念模型

由图 5－5 可以看出，经营环境差异对企业国内跨地区经营绩效有直接影响，这是因为，首先，经营环境差异导致企业国内跨地区经营成本上升，在目标市场建立和维持合法性的难度上升以及会给企业提供制度套利的机会。由于这三个方面在很大程度上决定了企业跨地区经营的总成本和总收益，经营环境差异对企业国内跨地区经营绩效有直接影响。其次，经营环境差异对企业跨地区经营战略有直接影响，这是因为经营环境差异会影响企业跨地区经营难度，从而影响企业跨地区经营决策。再次，跨地区经营战略在经营环境差异对跨地区经营绩效的影响中有中介作用，即经营环境差异通过影响跨地区经营战略而影响跨地区经营绩效。又次，经营环境相对发展水平在经营环境差异对跨地区经营战略和跨地区经营绩效的影响中有调节作用，表现为当地区经营环境相对发展水平高时，经营环境差异对企业跨地区经营战略和经营绩效的负向影响更大。最后，跨地区经营经验在经营环境差异对跨地区经营战略和跨地区经营绩效的影响中有调节作用，表现为企业跨地区经营经验越丰富，经营环境差异对企业跨地区经营战略和经营绩效的负向影响更小。

二、经营环境差异对企业跨地区经营绩效的直接作用

由第四章的分析可知，经营环境差异对企业国内跨地区经营有三方面的影响，分别是经营环境差异导致企业在目标市场建立合法性的难度更大、提高企业跨地区经营成本和为企业提供制度套利机会。这三方面均对企业跨地区经营绩效有直接影响（见表5-1）。

表5-1 经营环境差异对企业国内跨地区经营绩效的影响

维度	跨地区经营成本	跨地区经营收益	跨地区经营绩效
合法性	经营环境差异与建立合法性的成本正相关	经营环境差异与合法性缺乏导致的收益损失正相关	经营环境差异越大，越难以建立合法性，跨地区经营绩效越差
经营成本	经营环境差异与经营成本正相关	经营环境差异对经营收益没有明显影响	经营环境差异越大，经营成本越高，跨地区经营绩效越差
制度套利	经营环境差异对制度套利相关的经营成本没有明显影响	经营环境差异与制度套利带来的收益正相关	经营环境差异越大，制度套利收益越高，跨地区经营绩效越好

表5-1表明，经营环境差异通过影响企业经营成本和收益对企业跨地区经营绩效产生影响。具体而言，经营环境差异对企业跨地区经营绩效的影响有：第一，经营环境差异通过影响企业在目标市场建立合法性的难度对跨地区经营绩效产生负向影响。具体而言，经营环境差异越大，企业

越难以在目标市场建立和维持外部合法性（Kostova 和 Zaheer，1999）。由于难以建立和维持外部合法性，企业在目标市场建立的分支机构在当地的利益相关者看来并不合法，导致分支机构难以与相关方进行正常的商业活动，甚至丧失很大部分的商业机会。因此，经营环境差异越大，企业在目标市场设立的分支机构开展商业活动的难度越大，获得的商业收益越低（宋渊洋，2015）。另外，由于分支机构的合法性低，企业需要投入大量资源用于建立合法性，这也会导致经营成本上升。

同时，经营环境差异越大，在目标市场建立的分支机构越难以获得内部合法性（Kostova 和 Zaheer，1999；Xu 等，2004；宋渊洋，2015）。具体而言，经营环境差异越大，在目标市场建立的分支机构为合乎当地经营环境的要求需要采取与公司总部和其他分支机构大不相同的组织结构和商业实践，这导致分支机构的种种做法在企业总部和其他分支机构看来不太合乎公司内部的通行做法，进而难以得到企业总部和其他分支机构的认同和支持。因此，经营环境差异越大，分支机构越难以获得总部和其他分支机构的支持，导致分支机构的内部资源和能力越薄弱，在当地取得跨地区经营成功的可能性越小。

综上所述，经营环境差异越大，企业在目标市场的分支机构获得内外部合法性的难度越高，经营绩效越差。

第二，经营环境差异通过影响经营成本使跨地区经营绩效降低。具体而言，经营环境差异越大，企业分支机构在目标市场的经营成本越高。首先，经营环境差异越大，目标市场的经营环境与总部所在地的经营环境差异越明显，导致企业需要投入更多时间和精力用于熟悉当地的经营环境，并且更多地需要承受由于不熟悉经营环境规则而导致经营失误的成本。其次，经营环境差异越大，企业现有的商业实践越难以复制到目标市场（Kostova，1999），导致企业的学习成本上升。最后，经营环境差异越大，企业的内部管理成本越高。这是因为经营环境差异越大，分支机构越需要根据当地的经营环境特点采用与总部不相同的做法。因此，分支机构需要向总部解释这样做的合理性。万一得不到总部的理解和支持，分支机构需要屈服于总部压力，采用与当地经营环境不适合的商业实践，这会导致分支机构难以获得和维持合法性，使分支机构的经营成本迅速提升。

综上所述，经营环境差异越大，分支机构的经营成本越高。

第三，经营环境差异通过影响制度套利对跨地区经营绩效有正向影响。具体而言，经营环境差异越大，企业通过制度套利获得的收益越高（Gaur 和 Lu，2007；宋渊洋和李元旭，2013）。不过，有必要区分制度套利为企业整体带来的收益和给特定分支机构带来的收益。因为，分支机构仅享有制度套利的部分收益，却需要承担制度套利的大部分成本。例如，中国各个地区对知识产权的保护力度不一致。企业为利用各个地区在知识产权保护制度上的不一致，可能将研发等部门集中到知识产权保护好的地区的研究中心，研究中心一般不属于任何一个地区营业部。从整体而言，这对公司有好处。但对各个地区的分支机构（证券营业部）而言，由于研发等部门集中到某一地区的研究中心，客观上导致分支机构内部研究力量变得薄弱，其开展业务的难度更大。因此，制度套利可能给分支机构带来好处，但也存在潜在的负向影响。

综上所述，经营环境差异通过影响分支机构建立合法性、经营成本和制度套利对分支机构的经营成本和收益产生影响。虽然经营环境差异加大可能带来潜在的制度套利的收益，但总体上会导致分支机构的经营成本上升和收益下降。并且，制度的不同维度对经营成本和经营收益的影响方向是一致的。例如，文化差异加大会导致经营成本上升、经营收益下降，经济、金融、行政和创新差异加大也存在类似的影响。因此，随着企业总部与目标市场之间的文化、经济、金融、行政和创新差异加大，企业在目标市场的跨地区经营绩效会下降。

基于上述分析，提出如下研究假设：

H1：目标市场与企业总部所在地的经营环境差异越大，企业在目标市场的跨地区经营绩效越差。

H1a：目标市场与企业总部所在地的文化差异越大，企业在目标市场的跨地区经营绩效越差。

H1b：目标市场与企业总部所在地的经济差异越大，企业在目标市场的跨地区经营绩效越差。

H1c：目标市场与企业总部所在地的金融差异越大，企业在目标市场的跨地区经营绩效越差。

H1d：目标市场与企业总部所在地的行政差异越大，企业在目标市场的跨地区经营绩效越差。

H1e：目标市场与企业总部所在地的创新差异越大，企业在目标市场的跨地区经营绩效越差。

三、经营环境差异对企业跨地区经营战略的直接作用

经营环境差异越大，企业难以熟悉目标市场情况，面临更大的失败风险，越不会在该地区实施激进的跨地区经营战略。经营环境差异是企业总部所在地与目标市场在经营环境上表现出来的差异，这种差异由正式经营环境差异、非正式经营环境差异以及制度执行特征的差异构成（North，1990）。在中国进行跨地区经营时，各个地区的正式经营环境差异相对较小，经营环境差异主要表现为非正式制度和制度执行特征的差异。因此，企业在熟悉目标市场的经营环境时，非正式制度和制度执行特征的差异是企业难以逾越的一道鸿沟。因为，非正式制度和制度执行特征的差异往往比正式经营环境差异的隐性程度更高（Kostova 和 Zaheer，1999），使企业只有深入当地很长时间才能获得相应的知识和信息。因此，经营环境差异越大，企业越难以了解目标市场的经营环境。

由于难以了解目标市场的经营环境，企业在经营环境差异大的目标

市场面临更高的失败风险，导致企业更不愿意在经营环境差异大的地区实施跨地区经营战略。另外，由于不了解当地情况，企业倾向于把企业现有的做法复制到新建立的分支机构，而这些做法往往难以适应当地经营环境对分支机构的要求（Kostova，1999）。其后果是，新建立的分支机构的种种做法在当地的相关方面看来不具有合法性，甚至被相关方面抵制，导致新成立的分支机构难以顺利地开展商业活动，甚至导致跨地区经营失败。

另外，在经营环境差异大的地区进行跨地区经营会大大增加总部对分支机构的管理难度，导致管理成本急剧上升。企业在目标市场设立的分支机构为获得在当地经营的合法性，往往倾向于使用与当地经营环境相符合，具有合法性的组织形式、结构和实践（Meyer 和 Rowan，1977；Powell 和 DiMaggio，1991）。由于企业总部难以了解目标市场的经营环境，企业总部在制定与分支机构相关的决策时的信息收集成本急剧上升，对分支机构的管理和协调成本上升，并且导致总部由于不了解分支机构情况而决策失误的概率大大提升。由于在经营环境差异大的地区进行跨地区经营会带来大量管理成本，因此总部不愿意在经营环境差异大的地区实施激进的跨地区经营战略。

综上所述，经营环境差异越大，企业越难以熟悉目标市场的经营环境，导致分支机构的管理和协调难度上升，跨地区经营失败的可能性急剧上升。因此，经营环境差异越大，企业越不会在该地区实施跨地区经营战略，以避免承受高额的跨地区经营风险。企业更可能在经营环境差异大的地区采用保守的跨地区经营战略。例如，首先设立少数分支机构，在这些分支机构取得初步成功后再设立更多分支机构。值得指出的是，经营环境差异各个维度的影响方向是一致的。例如，文化差异越大，企业越难以熟悉当地的文化环境，越不会在该地区实施跨地区经营战略，这种分析逻辑对经济、金融、行政和创新差异同样成立。

基于上述分析，提出如下研究假设：

H2：目标市场和企业总部所在地的经营环境差异越大，企业越不会在该地区实施跨地区经营战略。

H2a：目标市场和企业总部所在地的文化差异越大，企业越不会在该地区实施跨地区经营战略。

H2b：目标市场和企业总部所在地的经济差异越大，企业越不会在该地区实施跨地区经营战略。

H2c：目标市场和企业总部所在地的金融差异越大，企业越不会在该地区实施跨地区经营战略。

H2d：目标市场和企业总部所在地的行政差异越大，企业越不会在该地区实施跨地区经营战略。

H2e：目标市场和企业总部所在地的创新差异越大，企业越不会在该地区实施跨地区经营战略。

四、跨地区经营战略对企业跨地区经营绩效的直接作用

企业跨地区经营战略对跨地区经营绩效有以下几方面的影响：

首先，激进的跨地区经营战略能促使总部在目标市场投入更多时间和精力，从而取得更好的跨地区经营绩效。企业的跨地区经营战略在很大程度上反映了企业对目标市场的重视程度，当企业在一个地区采用激进的跨地区经营战略时，意味着企业对该市场的重视程度较高，在目标市场会投入更多资源，以及花更多时间研究目标市场状况。由于企业更多的重视和资源投入，分支机构更有可能取得好的跨地区经营绩效。

其次，激进的跨地区经营战略能增加企业对目标市场的了解程度，从而提高跨地区经营绩效。激进的跨地区经营战略意味着企业在同一个地区陆续建立了很多分支机构。一般而言，这些分支机构之间本身存在互动，

如可以共享对目标市场的知识，共享成功和失败的经验和教训。因此，采用激进跨地区经营战略时，分支机构能获得更多有关目标市场经营环境的知识和信息，更能基于丰富的知识和信息按照目标市场经营环境的要求开展经营，从而更容易取得跨地区经营成功。

再次，激进的跨地区经营战略使分支机构能共享部分资源和能力，降低分支机构经营成本，从而提高跨地区经营绩效。企业在进入目标市场时，需要进行一系列的营销和招聘等活动。采用激进跨地区经营战略的企业往往会在目标市场建立更多分支机构，这些分支机构可以联合起来进行营销和招聘等活动，有助于降低各个分支机构需要承担的营销和招聘等成本，为分支机构节省大量成本。这些成本节省可以使分支机构取得更好的跨地区经营绩效。

最后，激进的跨地区经营战略能提高企业在目标市场的品牌知名度和服务可得性，从而提高跨地区经营绩效。在这一方面，证券业是典型的例子。证券企业设立的分支机构覆盖的地理范围越广泛，以及在同一个地区分支机构数量越多，目标市场的潜在客户越容易接触到企业的产品和服务，企业越容易树立品牌形象，越能顺利地开展业务，从而获得跨地区经营成功。另外，分支机构多时，企业产品和服务的可得性大大提高，产品和服务对客户的增值更多。例如，家电企业的网店密度越大，消费者购买家电和享受售后服务越便捷，产权和服务对消费者的价值增值越多。因此，采用激进跨地区经营战略的企业往往得到客户青睐，更容易获得好的跨地区经营绩效。

综上所述，企业跨地区经营战略对跨地区经营绩效有促进作用。

基于上述分析，提出如下研究假设：

H3：企业跨地区经营战略对跨地区经营绩效有正向影响。

五、跨地区经营战略在经营环境差异对跨地区经营绩效影响中的中介作用

经营环境差异本质上是企业的外部环境属性，在制度基础观的研究范式中经营环境通过影响企业战略选择而对绩效产生影响（Peng 等，2008，2009）。本书也遵循这种逻辑，认为经营环境差异通过影响企业跨地区经营战略而对企业跨地区经营绩效产生影响。因为企业并不是一个黑匣子，企业行为在很大程度上是企业中个体决策的结果。经营环境差异通过影响企业中行为主体对外部环境的判断而对企业跨地区经营战略产生影响，跨地区经营战略又在很大程度上决定了企业跨地区经营绩效，即跨地区经营战略在经营环境差异对跨地区经营绩效的影响中有中介作用。经营环境差异通过影响跨地区经营战略而对跨地区经营绩效产生影响的机理如图 5－6 所示。

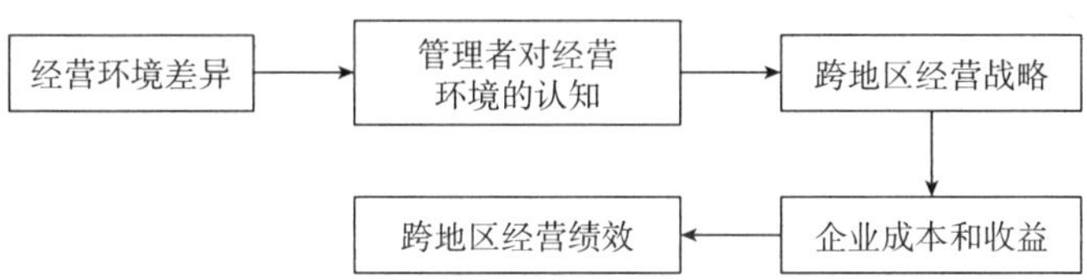

图 5－6　跨地区经营战略的中介作用

由图 5－6 可知，经营环境差异在很大程度上会影响管理者对环境的认知，即影响管理者对跨地区经营成本、风险和收益的判断，从而对跨地区经营战略有直接影响。而企业跨地区经营战略在很大程度上决定了企业可能获得的收益和需要付出的成本，从而对跨地区经营绩效有潜在影响。

由于 H2 和 H3 中已经详细阐述了经营环境差异对企业跨地区经营战略以及跨地区经营战略对跨地区经营绩效的影响机理，此处不再展开分析。

综上所述，经营环境差异通过影响跨地区经营战略而对跨地区经营绩效产生影响，即跨地区经营战略在经营环境差异对跨地区经营绩效的影响中有中介作用。经营环境差异各个维度的影响机理没有本质差异。例如，文化差异通过影响企业跨地区经营战略而影响跨地区经营绩效，这对于经济、金融、行政和创新差异同样成立。

基于上述分析，提出如下研究假设：

H4：跨地区经营战略在经营环境差异对跨地区经营绩效的影响中有中介作用。

H4a：跨地区经营战略在文化差异对跨地区经营绩效的影响中有中介作用。

H4b：跨地区经营战略在经济差异对跨地区经营绩效的影响中有中介作用。

H4c：跨地区经营战略在金融差异对跨地区经营绩效的影响中有中介作用。

H4d：跨地区经营战略在行政差异对跨地区经营绩效的影响中有中介作用。

H4e：跨地区经营战略在创新差异对跨地区经营绩效的影响中有中介作用。

六、经营环境相对发展水平在经营环境差异对跨地区经营战略影响中的调节作用

现有研究的一个潜在假定是经营环境差异对企业经营的影响只与经营

环境差异的大小有关，而与企业所处地区的经营环境相对发展水平无关（Kostova，1999；Xu 和 Shenkar，2002；Xu 等，2004；潘镇，2006b；Gaur 等，2007；潘镇等，2008；Berry 等，2010；Chao 和 Kumar，2010；吴晓云和陈怀超，2011；殷华方和鲁明泓，2011；杨亚平和高玥，2017；Trapczyński 等，2019；薛求知和帅佳旖，2019）。如图 5－7 所示，当企业从经营环境相对发展水平低的地区 *A* 到经营环境相对发展水平高的地区 *B* 进行跨地区经营时，经营环境差异的影响效果是 *X*1；企业从地区 *B* 到地区 *A* 进行跨地区经营时，经营环境差异的影响效果是 *X*2。现有研究假定 $X1 = X2$。

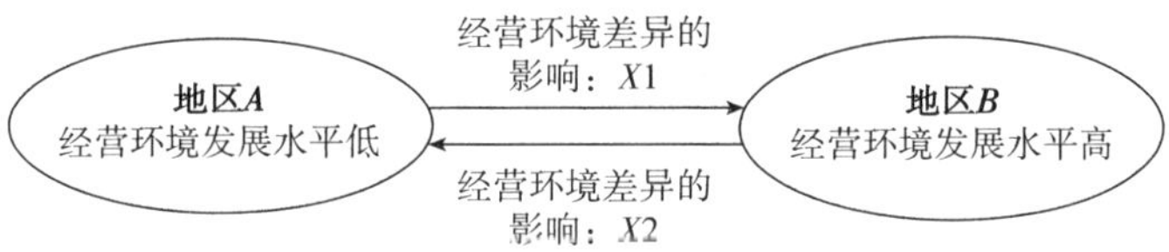

图 5－7　不同经营环境相对发展水平下经营环境差异对企业跨地区经营的影响

事实上，这种假定较为牵强，经营环境差异对企业跨地区经营的影响不仅与经营环境差异大小有关，而且与企业所处地区的经营环境相对发展水平有关，即 $X1 \neq X2$（宋渊洋，2015；Hernández 等，2018）。一般而言，在经营环境差异相同的情况下，位于经营环境相对发展水平低的地区的企业向位于经营环境相对发展水平高的地区进行跨地区经营的难度要低于位于经营环境相对发展水平高的地区的企业向经营环境相对发展水平低的地区进行跨地区经营所伴随的难度。原因主要有：

一方面，经营环境发展水平高的地区的经营环境规则往往更加透明和公正，企业熟悉规则的难度较低。例如，地区 *A* 的法律发展水平高于地区 *B*，这在很大程度上表现为地区 *A* 的地方性法律和法规更加透明，以及执法更加公正和有效率等。当一家地区 *B* 的企业要进入地区 *A* 进行跨地区经营时，其在了解地区 *A* 的法律环境方面花费的时间和精力要小于一家地区

A 企业进入地区 *B* 进行跨地区经营时为了解当地创新环境所需要花费的时间和精力。

另一方面，由于经营环境发展水平高的地区的经营环境规则更加透明和公平，企业由于不了解规则而违反规则的可能性降低，并且能省去大量的用于疏通关系的灰色成本。因为，当经营环境发展水平低时，很多规则可能是非正式和不透明的，企业由于难以了解这些规则，极容易违反经营环境规则，并需要承担由此带来的大量成本。另外，在经营环境发展水平低的地区，由于制度执行过程中人为干预因素较多，企业需要投入大量资源用于疏通关系，这也是企业跨地区经营成本的构成部分。

以上两方面原因均导致相同经营环境差异对位于经营环境相对发展水平高的地区的企业进行跨地区经营的阻碍作用大于位于经营环境相对发展水平低的地区的企业，即经营环境相对发展水平在经营环境差异对企业跨地区经营的影响中有调节作用。在经营环境差异对企业跨地区经营战略选择方面，由于经营环境差异对位于经营环境相对发展水平高的地区的企业到经营环境发展水平低的地区进行跨地区经营的阻碍大于位于经营环境相对发展水平低的地区的企业向经营环境发展水平高的地区进行跨地区经营的障碍。因此，在经营环境差异相同的情况下，位于经营环境相对发展水平高的地区的企业更不愿意到经营环境相对发展水平低的地区进行跨地区经营。

对于经济、金融、行政和创新环境，不同地区的发展水平有高低之分。例如，一般而言，可以说地区 A 的经济环境好于地区 B。但对于文化环境，却难以分出高下。因此，经营环境相对发展水平仅适用于经济、金融、行政和创新维度，而不适用于文化环境。并且，由于各个维度的经营环境差异对跨地区经营战略的作用机理类似，相应的经营环境相对发展水平在经济、金融、行政和创新差异对企业跨地区经营战略的影响中的调节作用是一致的。

基于上述分析，提出如下研究假设：

H5：经营环境相对发展水平在经营环境差异对企业跨地区经营战略的

影响中有调节作用：当经营环境相对发展水平为高时，经营环境差异对跨地区经营战略的负向影响更大。

H5a：经济相对发展水平在经济差异对企业跨地区经营战略的影响中有调节作用：当经济相对发展水平为高时，经济差异对跨地区经营战略的负向影响更大。

H5b：金融相对发展水平在金融差异对企业跨地区经营战略的影响中有调节作用：当金融相对发展水平为高时，金融差异对跨地区经营战略的负向影响更大。

H5c：行政相对发展水平在行政差异对企业跨地区经营战略的影响中有调节作用：当行政相对发展水平为高时，行政差异对跨地区经营战略的负向影响更大。

H5d：创新相对发展水平在创新差异对企业跨地区经营战略的影响中有调节作用：当创新相对发展水平为高时，创新差异对跨地区经营战略的负向影响更大。

七、经营环境相对发展水平在经营环境差异对跨地区经营绩效影响中的调节作用

在经营环境差异相同的情况下，位于经营环境相对发展水平高的地区的企业向经营环境相对发展水平低的地区进行跨地区经营面临的难度要高于位于经营环境相对发展水平低的地区的企业向经营环境相对发展水平高的地区进行跨地区经营所面临的难度。这种相对难度的高低会影响企业跨地区经营的成本和成功概率，进而影响企业跨地区经营绩效，即经营环境相对发展水平在经营环境差异对企业跨地区经营绩效的影响中有调节作用。

由于经营环境相对发展水平高的地区的经营环境更加透明，制度的执行更加公正和有效率，在经营环境差异相同的情况下，一方面，位于经营环境发展水平高的地区的企业向经营环境相对发展水平低的地区进行跨地区经营时需要在熟悉当地经营环境等方面付出更多的成本，这无疑会降低企业跨地区经营绩效。另一方面，位于经营环境相对发展水平高的地区的企业向经营环境相对发展水平低的地区进行跨地区经营时由于不熟悉当地经营环境而出现违反经营环境规则，导致丧失商业机会甚至被相关方惩罚的可能性大为提高。以上两个方面均导致在经营环境差异相同的情况下，位于经营环境相对发展水平高的地区的企业向经营环境相对发展水平低的地区进行跨地区经营时比位于经营环境相对发展水平低的地区的企业向经营环境相对发展水平高的地区进行跨地区经营面临更高的成本和更低的收益。

综上所述，经营环境相对发展水平在经营环境差异对企业跨地区经营绩效的影响中有调节作用。由于经济、金融、行政和创新差异的作用机理相同，上述调节作用对经济、金融、行政和创新维度都存在。

基于上述分析，提出如下研究假设：

H6：经营环境相对发展水平在经营环境差异对企业跨地区经营绩效的影响中有调节作用：当经营环境相对发展水平为高时，经营环境差异对跨地区经营绩效的负向影响更大。

H6a：经济相对发展水平在经济差异对企业跨地区经营绩效的影响中有调节作用：当经济相对发展水平为高时，经济差异对跨地区经营绩效的负向影响更大。

H6b：金融相对发展水平在金融差异对企业跨地区经营绩效的影响中有调节作用：当金融相对发展水平为高时，金融差异对跨地区经营绩效的负向影响更大。

H6c：行政相对发展水平在行政差异对企业跨地区经营绩效的影响中有调节作用：当行政相对发展水平为高时，行政差异对跨地区经营绩效的负向影响更大。

H6d：创新相对发展水平在创新差异对企业跨地区经营绩效的影响中有调节作用：当创新相对发展水平为高时，创新差异对跨地区经营绩效的负向影响更大。

八、跨地区经营经验在经营环境差异对跨地区经营战略影响中的调节作用

跨地区经营经验对企业进行国内跨地区经营极为重要。当企业在多个地区和多样化的经营环境中开展经营时，企业会拥有在不同经营环境与相关方打交道的经验，如扫描经营环境、识别重要角色、感知合法性要求和与相关方讨价还价等（Kostova 和 Zaheer，1999）。无疑，上述跨地区经营经验对企业克服经营环境差异带来的跨地区经营障碍极为重要（宋渊洋和李元旭，2013；宋铁波等，2016）。

一方面，跨地区经营经验有助于企业熟悉目标市场的经营环境。跨地区经营经验丰富的企业往往进入了较多经营环境不同的地区，企业在熟悉各个地区的经营环境方面拥有更多的经验和相关实践。这些经验和以前的实践能帮助企业把握经营环境的关键方面以及积淀识别关键经营环境规则的相关方法和程序等。因此，在经营环境差异相同的情况下，跨地区经营经验丰富的企业在熟悉目标市场的经营环境规则方面需要投入的相关成本更低。

另一方面，跨地区经营经验有助于企业更好地与相关方进行商业活动，以及在违反经营环境规则时更有效地进行危机公关。在多个地区进行跨地区经营的企业往往拥有更为丰富的与相关方进行商业活动的经验，这种经验在很大程度上能帮助企业在新的市场与相关方更为顺利地进行商业活动，从而获得更多商业利益。同时，跨地区经营经验丰富的企业往往拥

有更多的危机处理经验，当在目标市场违反经营环境规则时，以往危机处理的经验能帮助企业更有效地进行危机公关，从而降低违反经营环境规则带来的成本。

综上所述，跨地区经营经验越丰富，经营环境差异对企业在一个地区实施跨地区经营战略的阻碍越小，企业越会在该地区实施激进的跨地区经营战略。由于上述影响对经营环境差异的各个维度均成立，提出如下研究假设：

H7：跨地区经营经验在经营环境差异对跨地区经营战略的影响中有调节作用：跨地区经营经验越丰富，经营环境差异对跨地区经营战略的负向影响越小。

H7a：跨地区经营经验在文化差异对跨地区经营战略的影响中有调节作用：跨地区经营经验越丰富，文化差异对跨地区经营战略的负向影响越小。

H7b：跨地区经营经验在经济差异对跨地区经营战略的影响中有调节作用：跨地区经营经验越丰富，经济差异对跨地区经营战略的负向影响越小。

H7c：跨地区经营经验在金融差异对跨地区经营战略的影响中有调节作用：跨地区经营经验越丰富，金融差异对跨地区经营战略的负向影响越小。

H7d：跨地区经营经验在行政差异对跨地区经营战略的影响中有调节作用：跨地区经营经验越丰富，行政差异对跨地区经营战略的负向影响越小。

H7e：跨地区经营经验在创新差异对跨地区经营战略的影响中有调节作用：跨地区经营经验越丰富，创新差异对跨地区经营战略的负向影响越小。

九、跨地区经营经验在经营环境差异对跨地区经营绩效影响中的调节作用

企业跨地区经营经验越丰富，经营环境差异对跨地区经营的阻碍作用越小。从成本的角度来看，跨地区经营经验对企业降低经营环境差异伴随的跨地区经营成本有重要作用。企业跨地区经营经验越丰富，经营环境差异对企业国内跨地区经营成本的影响越小，即跨地区经营经验在经营环境差异对跨地区经营绩效的影响中有调节作用。这是由于，首先，企业跨地区经营经验越丰富，进入新的目标市场时在熟悉当地经营环境方面投入的成本越低。因为，企业可以借助以往进入其他市场在熟悉经营环境方面的经验，从而更快地熟悉即将进入市场的经营环境规则。其次，跨地区经营经验有助于企业更好地与相关方进行商业活动，以及在违反经营环境规则时更有效地进行危机公关，从而降低企业在目标市场需要付出的成本。最后，跨地区经营经验能帮助企业更快地在目标市场建立和维持合法性，从而获得更多的商业机会和利益。

综上所述，企业跨地区经营经验越丰富，经营环境差异对企业跨地区经营绩效的负向影响越小。由于上述影响机理对经营环境差异的各个维度均适用，提出如下研究假设：

H8：跨地区经营经验在经营环境差异对跨地区经营绩效的影响中有调节作用：跨地区经营经验越丰富，经营环境差异对跨地区经营绩效的负向影响越小。

H8a：跨地区经营经验在文化差异对跨地区经营绩效的影响中有调节作用：跨地区经营经验越丰富，文化差异对跨地区经营绩效的负向影响越小。

H8b：跨地区经营经验在经济差异对跨地区经营绩效的影响中有调节作用：跨地区经营经验越丰富，经济差异对跨地区经营绩效的负向影响越小。

H8c：跨地区经营经验在金融差异对跨地区经营绩效的影响中有调节作用：跨地区经营经验越丰富，金融差异对跨地区经营绩效的负向影响越小。

H8d：跨地区经营经验在行政差异对跨地区经营绩效的影响中有调节作用：跨地区经营经验越丰富，行政差异对跨地区经营绩效的负向影响越小。

H8e：跨地区经营经验在创新差异对跨地区经营绩效的影响中有调节作用：跨地区经营经验越丰富，创新差异对跨地区经营绩效的负向影响越小。

十、实证模型的发展

综合上述假设，本书的实证模型如图 5－8 所示。H1～H3 是直接作用假设，H4 是中介作用假设，H5～H8 是调节作用假设。本书将收集相关数据检验经营环境差异与企业跨地区经营绩效的实证模型，并得出相应的实证研究结论（见图 5－8）。

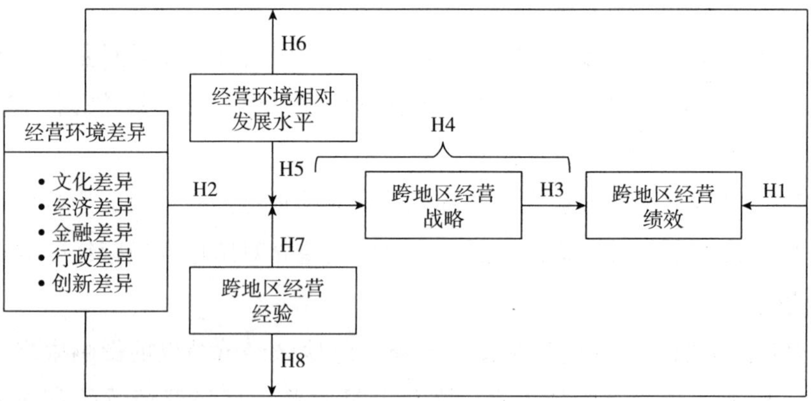

图 5－8 经营环境差异与企业跨地区经营绩效的实证模型

十一、本章小结

本章论述了研究的理论模型和研究假设。首先，基于制度基础观提出了经营环境差异与企业国内跨地区经营绩效的概念模型。其次，在概念模型的基础上提出了经营环境差异影响跨地区经营战略和跨地区经营绩效的直接作用假设、跨地区经营战略的中介作用假设以及经营环境相对发展水平和跨地区经营经验的调节作用假设。最后，对研究假设进行汇总，得到实证模型。本章提出的研究假设为进一步开展实证分析奠定了基础。

第六章

研究方法

本章阐述了本书采用的研究方法。研究设计部分主要论述了行业选取的原因、数据来源和收集整理步骤以及数据分析方法等。在变量测量部分，重点介绍了研究变量的度量方法，包括自变量、因变量、中介变量、调节变量和控制变量的度量方法和文献依据。另外，还论述了变量测量的信度和效度。

一、实证研究设计

（一）行业选取

本书选取中国证券企业的国内跨地区经营数据进行实证研究。证券（Securities）是用以表明各类财产所有权或债权的凭证或证书的统称，它表明证券持有人或第三方（受益人）有权取得该证券拥有的特定权益，或证明其曾经发生过的行为（魏建国等，2008）。股票、债券等都是证券的表现形式。证券业是指从事证券发行和交易服务的行业，证券企业是证券业的重要主体之一。证券企业又称证券商，是指依照《中华人民共和国公司法》规定和经国务院证券监督管理机构批准经营证券业务的有限责任公司或股份有限公司（中国证券业协会编，2009）。证券企业的主要业务包括证券承销、经纪、自营、投资咨询、购并、受托资产管理和基金管理等。

1. 选取证券企业作为研究对象的理论方面考虑

（1）证券企业在国内跨地区经营时必须设立分支机构（证券营业部）。因此，各个地区之间的经营环境差异对证券企业跨地区经营有重要影响。与之不同，制造企业可以通过各种销售渠道将产品和服务分销到各个区域，由此进行跨地区经营。例如，制造企业可以通过出口进行国际化经营。上述分析表明，经营环境差异对服务企业跨地区经营的影响力度比制造企业更大，开展研究的意义更明显，这是选择服务企业的重要原因。

（2）目前对服务企业跨地区经营的相关研究较少，大部分研究探讨的是制造企业的跨地区经营现象。随着服务业的兴起，中国正在向服务经济转型。在这种背景下，探讨以证券企业为代表的服务企业的跨地区经营现象有重要的理论和实践意义。

（3）证券业是很多地区的重点发展产业。证券企业是典型的服务企业，其跨地区经营研究还处于初步阶段，值得从理论和实证的视角展开探讨，以期为证券企业的国内跨地区经营实践提供指导。

（4）基于中国证券企业的研究能对现有侧重探讨发达国家制造企业的研究形成重要补充，增进理论和实践界对新兴市场国家服务企业跨地区经营现象的理解，推动制度基础观和经营环境差异研究视角在新兴市场的应用和发展。

（5）证券企业有可靠的数据来源。研究制度距离对企业跨地区经营的影响需要获得企业在各地区的经营数据。但这方面的数据获取困难重重，原因在于很难找到对企业在各地区的经营状况都很熟悉的被调查者。因此，采用问卷调查获取研究数据的可行性较差。即使通过调查获得数据，由于涉及的地区和年份众多，被调查者凭回忆填写的调查数据的质量往往较差。只能通过其他方式获取企业在各地区的经营数据，幸运的是证券企业为我们提供了研究企业跨地区经营行为的便利。因为，证券企业按照相关规定每年要发布年报，在年报中详细披露企业在各地区的经营情况。并且，年报是经过第三方审计的，数据质量有保障。

2. 选取证券企业作为研究对象的实践方面考虑

（1）证券企业能源源不断地为企业提供长期的发展资金，促进企业成长和经济可持续增长。证券企业是证券市场投融资服务的提供者，为证券发行人和投资者提供专业化的中介服务，如证券发行、上市保荐、承销和代理证券买卖等。一般而言，企业可以通过间接和直接两种融资渠道获得发展资金。间接融资主要通过银行贷款获得资金，直接融资主要通过发行各种有价证券获得资金。银行贷款的缺点是贷款期限较短，难以满足企业对长期资金的需求。通过发行证券进行融资能有效弥补银行贷款的不足，使企业充分利用社会资金实现可持续成长。在企业通过发行证券获得资金的过程中，证券企业发挥了不可替代的重要作用。

（2）证券企业能提高资本配置效率，促进资本利用效率提升，最终促进经济繁荣。在企业上市的过程中，证券企业对企业的发行价格有极为重要的影响。在企业上市后，证券企业分析师的研究报告对证券价格也有不可忽视的影响。证券企业往往拥有比普通投资者更多的信息和更强的分析能力，能引导社会资金流向价值被低估的企业，从而有助于社会实现更好的资本配置。在这种意义上，证券企业能促进资本利用效率的提升，进而促进经济繁荣，是现代经济的重要构成部分。

（3）证券企业对实现金融和经济稳定有重要作用。由于证券分析师的证券评级意见在很大程度上能左右证券价格走势，证券企业对经济形势的判断和投资举动在一定程度上对整个市场有重要影响。因此，由于能通过其专业的判断为投资者提供关于未来形势的信息，证券企业在很大程度上有助于避免投资者由于错误判断形势而导致整个金融市场出现很大的动荡。在这种意义上，证券企业对实现金融和经济稳定有重要作用。因此，证券业有重要的学术研究意义。

（二）数据来源

本书基于如下考虑将研究的时间跨度设定为2001~2009年。首先，证券企业2001年之前的数据缺失严重。为避免数据缺失对研究结论产生扰动，只能选取2001年及之后的研究样本。其次，在测量文化时使用来自World Value Survey的数据。由于其中与可用研究区间重叠并且包含较多可用于测量文化的题项的年份是2007年，因此只能选取与2007年较为接近的年份作为研究终点。考虑到随着中国各个地区的持续高速发展，地区文化变迁较快，选择2009年作为研究的终点。最终样本包括7826个观测值，研究数据主要来源于数据库和相关统计年鉴（见表6-1）。

表6-1 研究数据来源

类别	涉及的研究变量	数据来源
企业层面的数据	企业层面的所有变量，如企业在各地区的营业收入、市场份额、企业规模、年龄等	Wind资讯、券商公布的财务报表
经营环境和经营环境差异	文化环境、文化差异	World Value Survey调查数据（http://www.worldvaluessurvey.org/）
	经济环境、经济差异	《中国统计年鉴》（2001~2010年）
	金融环境、金融差异	《中国金融年鉴》（2001~2010年）、Wind资讯
	行政环境、行政差异	《中国检察年鉴》（2001~2010年）、Wind资讯、各省区市检察院网站
	创新环境、创新差异	《中国科技统计年鉴》（2001~2010年）、《中国统计年鉴》（2001~2010年）

注：测量各个地区经营环境是为了进一步测量地区间经营环境差异。

由表6-1可以看出，数据主要来源于以下三个方面：①企业层面的数据和部分省区市经营环境的数据来源于Wind资讯；②文化环境和文化差异的原始数据来自World Value Survey的相关调查数据；③经济环境、金融环境、行政环境、创新环境和相应的经营环境差异的数据主要来自相应的统计年鉴。

从上述数据来源可以发现，本书采用二手数据开展研究。与问卷调研数据相比，二手数据有如下优势。首先，可靠性更高。这是由于企业公开发布的财务报表一般会经过第三方审计机构和企业内部审计部门的审计，而统计年鉴的数据更是经过层层审核，可靠性较高。其次，获取成本相对较低。与二手数据相比，采用问卷调研的方法对中国各个地区经营环境进行调研，其成本和难度非常高。另外，要调查企业在各地区的经营状况则难以找到合适的被调查者。最后，二手数据的抽样和度量往往是前人经过谨慎思考的结果，有较高的可靠性。例如，对于文化环境的度量采用World Value Survey的调研数据，由于该机构在多年进行过多次调研，调查问卷的信度和效度都不成问题。

（三）数据收集和整理

本书的数据收集和整理步骤如下：

1. 收集数据

数据来源于数据库和相应的统计年鉴。具体而言，对于数据库已经收集的原始数据主要从数据库下载；对于数据库不能提供的数据主要采用手工查阅企业会计报表和统计年鉴的方法收集。例如，在测量各个地区的行政环境时，要用到各个地区职务犯罪的统计资料。由于各个数据库均没有收集这方面的数据，只能翻阅各年份的《中国检察年鉴》，从中查找数据。并且，由于部分年份《中国检察年鉴》中也没有整理好的数据可用。因此，还需要阅读各省区市的《检察院工作报告》，从中找到需要的研究数据。数据收集涉及的指标、省份和年份多，工作量巨大，耗费大量时间和精力。

2. 数据整理

在原始数据收集完成后，进入数据整理阶段。在这一阶段，主要对收集到的原始数据进行初步整理，把不需要的数据删除。各省区市的数据在数据格式等方面存在诸多不一致，需要按照统一格式对原始数据进行整理和分类，以形成初步可用于分析的数据，为进一步的数据核对和分析做好准备。

3. 检查核对

为确保数据的可靠性和整理过程不出现失误，在数据分析前需要对数据进行检查核对。由于数据量很大，主要采用以下两种方法进行检查核对。首先，从数据中随机抽取部分数据，并检查这些数据是否准确。其次，对原始数据进行描述性统计分析，通过描述性统计结果判断数据是否准确。例如，变量的最大值和最小值是否在合理范围内，超过合理范围的记录可能是数据输入出错的记录。当发现数据存在错误时及时更正。以上步骤能在较大程度上保证研究数据的准确性。

4. 数据分析

在上述步骤的基础上可以进行进一步的数据分析。在数据分析前，需要根据各个变量的定义在整理好的数据的基础上计算各个研究变量的取值。然后，进行描述性统计和回归分析，并基于回归分析进行假设检验和得出研究结论。

（四）数据分析方法

本书主要探讨经营环境差异对企业国内跨地区经营战略和绩效的影响。根据分析目的和自变量特征的差异，各部分数据分析采用的统计方法如下：

（1）当回归分析中的因变量是跨地区经营绩效时，由于因变量是连续变量，采用的回归分析方法是最小二乘法（OLS）。

（2）当回归分析中的因变量是跨地区经营战略时，由于采用企业在特定省区市设立的营业部数量度量跨地区经营战略，此时因变量是一个计数变量（Count Variable），主要采用 Poisson 回归进行分析。

（3）在涉及中介变量检验时，主要依据中介变量检验程序，采用层次回归方法进行数据分析。

二、变量度量

（一）因变量

本书涉及的因变量是跨地区经营绩效。该变量旨在反映企业在某一个省区市经营的成功程度。从产品市场的角度来看，企业跨地区经营成功程度可以用企业在目标市场的市场份额来度量（Greve，1999；Sarkar 等，2001；Tanriverdi 和 Lee，2008；宋渊洋和李元旭，2013）。一般而言，企业在目标市场的市场份额越大，企业的产品和服务在该地区越成功，即企业跨地区经营战略取得的成效越好。由于现有研究发现市场份额是企业营利能力的稳定预测指标（Venkatraman 和 Prescott，1990），因此市场份额在一定程度上能间接地用来度量企业业绩。

另外，采用市场份额度量跨地区经营绩效也非常适合本书的研究情境。对证券企业而言，市场份额的大小与盈利直接相关。因为，证券企业很大一块业务是经纪业务，其收入是成交量按固定比率提成。因此，市场份额大的证券企业盈利更多。同时，市场份额也是一个相对指标，在很大程度上可以进行跨企业和跨地区对比，这也是采用市场份额而不直接采用营业收入度量企业跨地区经营绩效的原因。本书中市场份额的计算方法与现有研究保持一致（Greve，1999；Sarkar 等，2001；Tanriverdi 和 Lee，2008）。具体而言，市场份额等于企业销售的产品或服务占整个市场总销售额的比重。

企业跨地区经营绩效的另一个度量指标是企业在一个地区的营业收入占企业总收入的比重。企业在某个地区的营业收入占总收入的比重越高，说明企业在该地区经营越成功。对企业而言，分支机构绩效的参照对象有两个：相同地区其他企业的分支机构的绩效、本企业其他地区分支机构的绩效。前者是与同一地区其他企业的分支机构对比，后者是企业内部不同地区分支机构之间的对比。企业在目标市场的市场份额更多地反映了同一地区不同企业的业绩好坏，而地区营业收入占企业营业总收入的比重则反映了同一个企业在不同地区的分支机构的跨地区经营绩效的相对好坏。因此，以上两个指标能较为全面地度量企业在一个地区的跨地区经营绩效。

综上所述，本书采用以下两个指标度量企业跨地区经营绩效：①企业在某一省区市的营业收入占该省区市所有企业营业总收入的比重，单位为%；②企业在某一省区市的营业收入占企业营业总收入的比重，单位为%。

（二）自变量

本书的主要自变量是经营环境差异。经营环境差异是两个地区在经营环境上表现出来的差异。要度量经营环境差异，必须度量各个地区的经营环境。因此，本节论述如何度量某一地区的经营环境，并在此基础上度量地区之间的经营环境差异。

1. 经营环境各维度测量方法

本书将经营环境分为文化、经济、金融、行政和创新五个维度，下面进一步论述这些维度的测量方法。

（1）文化环境。在经营环境的各个维度中，文化环境的研究起源较早，相关研究相对较多。目前，关于文化环境的主要测量方法如表6－2所示。

表6－2　现有研究对文化环境的度量方法

代表研究	文化的维度	数据来源
Kogut 和 Singh(1988)、Barkema 等(1996)、Hennart 和 Larimo(1998)、Brouthers 和 Brouthers(2000)、Gaur 等(2007)	权力距离 个人主义/集体主义 男性气质/女性气质 不确定性规避	Hofstede 的相关研究(Hofstede，1980；Hofstede 和 Bond，1988)

续表

代表研究	文化的维度	数据来源
Berry 等（2010）	权力距离 个人主义/集体主义 男性气质/女性气质 不确定性规避	全球价值观调查的相关数据（World Value Survey）
Martin 等（2010）、Zaheer 和 Zaheer（1997）	个人主义/集体主义 不确定性规避	Hofstede 的相关研究（Hofstede，2001）
Evans 和 Mavondo（2002）	权力距离 个人主义/集体主义 男性气质/女性气质 不确定性规避 长期导向	Hofstede 的相关研究（Hofstede，1983，1991）

表 6－2 列举了目前测量地区文化环境的主要方法。从中可以看出，对于地区文化环境的测量大多以 Hofstede 的相关调查数据为基础（Hofstede，1980，1983；Hofstede 和 Bond，1988；Hofstede，1991，2001）。从文化包含的维度来看，大部分研究采用 Hofstede 关于文化四个维度的分类，包括权力距离、个人主义/集体主义、男性气质/女性气质和不确定性规避。本书也采用类似的维度划分方法，将文化分为四个维度。

考虑到 Hofstede 的相关数据来源时间较早，文化可能在这几十年中发生了较大变化，本书没有采用 Hofstede 相关研究的原始数据；而是借鉴 Berry 等（2010）的测量方法，基于 World Values Survey 的调查数据来测量中国各个地区的文化环境。与 Hofstede 的相关调研相比，World Values Survey 的相关调查在中国覆盖的区域更为广泛、样本量更大、样本代表性更强。World Values Survey 与本书样本的时间跨度较为匹配的一次调查是在 2007 年，选取这一次的调查来度量中国各个地区的文化环境。参照 Berry 等（2010）对文化的测量题项，本书使用的文化各维度的测量题项如表 6－3 所示。

表6－3　本书对文化环境的测量题项

维度	测量题项
权力距离	（1）您认为在家里培养孩子学习下列哪些品质更重要？（请选择五项）（　） A. 独立性　B. 勤奋　C. 责任感　D. 有想象力 E. 对别人宽容和尊重　F. 节俭　G. 坚韧　H. 虔诚的宗教信仰 I. 不自私　J. 服从　K. 不知道
个人主义/集体主义	下面有一些关于人生目标的说法，请问您是非常同意、同意、不同意，还是非常不同意这些说法？ （2）我要努力保持自我而不追随他人。 （3）我自己的生活目标由我自己决定。
男性气质/女性气质	（4）请说明工作在您生活中的重要程度。 （5）您同意下列说法吗？工作总是第一位的，哪怕这意味着减少空闲时间。
不确定性规避	（6）下面是人们在选择工作时常要考虑的因素，对您个人来说哪一个最重要？（　） A. 收入高，不再为钱而担心 B. 工作稳定，没有公司关闭或失业的危险 C. 和喜欢的人在一起工作 D. 工作的重要性使你有成就感 E. 不知道

资料来源：World Value Survey.

表6－3中各题的编码如下。首先，对题（1），如果被调查者选择了“J. 服从”，则答案记为1，否则为0。对题（6），如果被调查者选择了B，则记为1，否则记为0。其次，对题（2）、题（3）和题（5），按照表6－4计分。

表 6 – 4　题（2）、题（3）和题（5）的编码方法

非常同意	同意	中立	不同意	非常不同意	不知道
5	4	3	2	1	.

资料来源：World Value Survey.

如表 6 – 4 所示，被调查者回答“非常同意”时记为 5，“同意”时记为 4，以此类推，回答“非常不同意”时记为 1。回答为“不知道”时记为 Stata 的缺失值“.”，不纳入最终的数据分析。

对题（4），按照表 6 – 5 计分。

表 6 – 5　题（4）的编码方法

很重要	重要	不太重要	很不重要	不知道
4	3	2	1	.

资料来源：World Value Survey.

如表 6 – 5 所示，被调查者回答“很重要”时记为 4，回答“重要”时记为 3，回答“不太重要”时记为 2，回答“很不重要”时记为 1。回答“不知道”时记为 Stata 缺失值“.”，不纳入最终的数据分析。值得指出的是，在题（1）到题（6）中，如果被调查者回答“不知道”，则问卷在正式分析时由于缺失数据会被剔除。因此，题（3）、题（4）和题（5）中被调查者回答“不知道”时记为 Stata 缺失值“.”只是为了与其他回答的计分区别，不会影响分析结果。

在确定文化各个维度的测量题项后，可以在此基础上计算各省区市在文化各个维度的得分。具体而言，与 Berry 等（2010）的计算方法一致，本书采用各省区市的样本在题（1）得分的均值度量该省区市在权力距离方面的得分，用题（2）和题（3）的平均值度量该省区市在个人主义/集体主义维度的得分，用题（4）和题（5）的平均值度量各省区市在男性气质/女性气质维度的得分，用题（6）的均值度量各省区市在不确定性规避方面的得分。

（2）经济环境。现有研究对经济环境的度量方法如表6－6所示。

表6－6 现有研究对经济环境的度量方法

代表研究	测量方法
Campa 和 Guillén（1999）	人均 GNP
Oxley 和 Yeung（2001）	人均 GDP
Martin 等（2010）	经济不确定性，用实际 GDP 增长率的波动来度量
Berry 等（2010）	（1）收入水平：人均 GDP （2）通货膨胀：GDP 平减指数 （3）出口：出口除以 GDP （4）进口：进口除以 GDP

从表6－6可以看出，大部分研究侧重测量收入水平（Campa 和 Guillén，1999；Oxley 和 Yeung，2001）。其中，Berry 等（2010）的研究更全面地度量了地区经济环境，包含收入水平、通货膨胀和进出口等方面。鉴于 Berry 等（2010）的研究更为全面，本书采用 Berry 等（2010）的度量方法来度量地区经济环境，度量方法如表6－7所示。

表6－7 本书对经济环境的测量指标

度量方法	文献依据
（1）收入水平：人均 GDP （2）出口：出口/GDP （3）进口：进口/GDP	Berry 等（2010）、Oxley 和 Yeung（2001）

由表6－7可以看出，经济环境包含收入水平（人均 GDP）、出口（出口/GDP）和进口（进口/GDP）三个方面。与 Berry 等（2010）相比，没有把通货膨胀（GDP 平减指数）包含在内，这是因为因子分析结果表明通货膨胀与其他三个指标不在同一个因子上。本书进一步用表6－7中的三

个指标的均值来度量各个省区市的经济环境。

（3）金融环境。金融指银行和证券等机构从市场主体募集资金，并借贷给其他市场主体的经济活动。资金对于企业生存、发展至为关键，而金融相关制度构成的金融环境决定了企业从外界募集资金的难度，因此是企业面临的最为重要的外部经营环境之一。目前，相关研究多用外部融资的难易程度来衡量区域金融发展水平（Berry 等，2010；余明桂和潘红波，2010；郑志刚和邓贺斐，2010；宋渊洋和刘勰，2015）。其背后的逻辑是，企业越容易获得外部融资，当地金融环境就越好。现有文献关于金融环境的度量指标如表 6－8 所示。

表 6－8　现有研究对金融环境的度量方法

代表研究	测量方法
Berry 等（2010）	（1）贷款：私营企业贷款总额除以 GDP （2）证券市场融资：上市公司总市值除以 GDP （3）上市公司数量：百万人口上市公司数量
余明桂和潘红波（2010）	金融发展水平：金融业的市场化
郑志刚和邓贺斐（2010）	（1）上市公司总市值/GDP （2）流通股总市值/GDP （3）百万人口上市公司数量 （4）银行全部贷款余额/GDP （5）私人部门贷款余额/GDP（私人部门贷款余额用全部贷款余额减去农业贷款额计算）

从表 6－8 可以看出，现有研究对金融环境的度量主要从两个方面展开：银行融资和证券市场融资。从银行融资的角度来看，现有研究多用银行全部贷款余额/GDP 以及私人部门贷款余额/GDP。不过，由于中国各个地区私人部门贷款余额的数据无法获得，现有研究多采用估算方法（如郑志刚和邓贺斐（2010））。考虑到私人部门或私营企业贷款额的估计值有较大误差，只采用各个地区全部贷款余额除以 GDP 来度量银行融资。从证券

市场融资方面来看，现有研究主要用上市公司总市值除以 GDP 的比重和百万人口上市公司数量两个指标来度量，也采用这两个指标度量证券融资环境。

综上所述，本书对金融环境的度量如表 6 –9 所示。

表 6 –9　本书对金融环境的度量指标

指标	度量方法	文献依据
银行融资环境	全部金融机构各项贷款余额/GDP	郑志刚和邓贺斐（2010）
证券融资环境	（1）上市公司总市值/GDP （2）百万人口上市公司数量	Berry 等（2010） 郑志刚和邓贺斐（2010）

由表 6 –9 可以看出，金融环境包含银行融资环境和证券融资环境两大方面，银行融资环境用全部金融机构各项贷款余额/GDP 来度量，证券融资环境用上市公司总市值/GDP 和百万人口上市公司数量来度量。本书用上述三个指标的均值作为各个省区市金融环境的得分。

（4）行政环境。指一个国家或地区的政府是否变动，政策的变动程度以及政府对企业经营的干预程度等。目前，相关文献对于行政环境的度量方法如表 6 –10 所示。

表 6 –10　现有研究对行政环境的度量方法

代表研究	测量方法
Martin 等(2010)、Henisz 和 Delios(2001)、Delios 和 Henisz(2003)、García – Canal 和 Guillén(2008)、Guler 和 Guillén(2010)	政治风险指数（Political Hazards Index），度量政府政策的不稳定性
Henisz（2000）	（1）政策的不稳定性，使用政治风险指数度量 （2）感知的腐败程度
Wan 和 Hoskisson（2003）	（1）政治透明度 （2）财政政策：通货膨胀，政府负债 （3）腐败程度

续表

代表研究	测量方法
Berry 等（2010）	（1）政策的不稳定性 （2）民主程度 （3）政府规模：政府支出占 GDP 的比重 （4）WTO 成员：是否是 WTO 成员 （5）地区贸易协定：是否是地区贸易协定成员

从表 6－10 可以看出，大部分研究都将政策不稳定性作为行政环境的一个重要构成部分，这是由于政策不稳定性直接决定了企业经营风险。不过，从企业在国内跨地区经营的角度来看，由于共享了共同的政策法规，各个地区在政策稳定性方面差异不大。另外，相关研究较为强调腐败程度和政府规模的影响（Wan 和 Hoskisson，2003；Berry 等，2010）。原因在于，腐败程度直接决定了政府秉公办事的可能性，而政府规模在一定程度上代表了政府为企业提供公共服务的资源和能力。基于此，本书也从这两个方面来测量地区行政环境。具体而言，对行政环境的测量方法如表 6－11所示。

表 6－11　本书对行政环境的测量指标

指标	度量方法	文献依据
政府规模	政府支出占 GDP 的比重（%）	杨灿明和孙群力（2008）、Berry 等（2010）
腐败程度	每万人中腐败案件数量（件）	吴一平和芮萌（2010）

由表 6－11 可以看出，行政环境包含政府规模和腐败程度两个方面。政府规模用政府支出占 GDP 的比重来度量，腐败程度用每万人中腐败案件数量来度量。基于上述测量方法，可以得到各省区市在行政环境的得分。由于政府规模与行政环境正相关，腐败程度与行政环境负相关，采用（政府支出占 GDP 的比重－每万人中腐败案件数量）/2 计算各个省区市的行

政环境的得分，该指标分值越大表示地区行政环境越好。

（5）创新环境。现有研究认为产权保护等法律规则和执行程度是地区创新环境的重要决定因素，因此可以使用反映地区法律环境或创新产出的数据测量地区创新环境（在部分文献中度量地区创新环境的指标与度量地区法律环境的指标类似）。具体而言，法律是社会的正式规则之一，一般由国家制定或认可，并由国家强制力保证实施。制度基础观相关研究强调规则对人的约束既决定于规则本身，又取决于规则被执行的程度（North，1990；La Porta，1997；La Porta et al.，1998）。规则如果不被执行，即使再严格，其约束力也有限。因此，决定经济主体创新意愿的法律规则和执行程度都是地区创新环境的重要构成要素，对于地区创新环境的度量自然也要重视法律本身包含的内容和被执行程度，现有研究也倾向于从这两个方面度量创新环境。另外，还可以从创新产出（如人均专利和科技论文数量）的角度度量地区创新环境（樊纲等，2011）。相关研究对地区创新环境的度量方法如表 6 – 12 所示。

表 6 – 12 现有研究对创新环境的度量方法

代表研究	测量方法
La Porta（1997）、La Porta 等（1998）	（1）法律起源：公司法或商法的起源（Company Law or Commercial Code）；英国普通法系（English Common Law），法国商法系（French Commercial Code），德国商法系（German Commercial Code），斯堪的纳维亚民法系（Scandinavian Civil Law） （2）法律执行程度：来自 International Country Risk Guide 中的法律、法规项目得分（Raw and Order）
Oxley 和 Yeung（2001）	法律执行程度，计算方法与 La Porta（1997）相同
Wan 和 Hoskisson（2003）	（1）法律传统：参照 La Porta（1997）、La Porta 等（1998） （2）法律发展水平：反垄断规制，知识产权保护 （3）司法系统效率
金祥荣等（2008）	（1）产权保护：GDP/地区财政收入中罚没款收入 （2）司法系统效率：公检法司支出/GDP

续表

代表研究	测量方法
樊纲等（2011）	（1）对生产者合法权益的保护 （2）知识产权保护 a. 三种专利申请受理量/科技人员数 b. 三种专利申请批准量/科技人员数 （3）消费者权益保护

从表 6－12 可以看出，前几方面的研究侧重度量支撑地区创新活动的法律规则及其执行程度（更接近地区法律环境），其中有影响力的是 La Porta 等的研究。后续研究大都采用与之类似的度量方法。与上述研究不一样，樊纲等（2011）直接使用反映地区创新活跃程度的一些指标来度量地区创新环境。具体而言，樊纲等（2011）采用专利受理量和批准量除以科技人员数量度量创新环境，侧重度量科技人员的创新效率。与 La Porta（1997）、La Porta 等（1998）、Oxley 和 Yeung（2001）等的度量方法相比，樊纲等（2011）的度量方法更为直接，但没有考虑其他人员对创新的贡献。

本书根据 Berry 等（2010）和樊纲等（2011）的测量方法，使用专利数除以人口数量度量各地区的创新环境。使用人口数量而不是科技人员数量旨在反映所有社会成员对创新的贡献。另外，Berry 等（2010）指出，科技论文数量也是创新产出的重要方面，本书也将之纳入地区创新环境的度量范围。

综上所述，地区创新环境的度量如表 6－13 所示。

表 6－13　本书对创新环境的测量指标

指标	度量方法	文献依据
知识产权保护	（1）每万人口专利申请数 （2）每万人口专利授权数 （3）每万人口科技论文数量	Wan 和 Hoskisson（2003）、Berry 等（2010）、樊纲等（2011）

由表6－13可以看出，地区创新环境用每万人口专利申请数、每万人口专利授权数和每万人口科技论文数量来度量。本书进一步通过计算上述三个指标的均值来得到各个省区市的创新环境得分。

2. 经营环境差异各维度测量方法

在度量各省区市经营环境的基础上，可以进一步计算各省区市之间的经营环境差异。现有研究对经营环境差异的计算方法有：①用 Kogut 和 Singh 指数（Kogut and Singh Index）测量经营环境差异；②用两个地区在经营环境维度上得分之差的绝对值测量经营环境差异（Xu 等，2004；Gaur 等，2007；Chao 和 Kumar，2010）；③用欧式距离度量经营环境差异（Pattnaik 和 Soonkyoo，2007）；④用马氏距离（Mahalanobis Distance）测量各个地区之间的经营环境差异（Berry 等，2010）。

第一种方法的优点是考虑了不同变量由于度量尺度不同可能有截然不同的方差，避免了直接用加总的方法度量经营环境差异存在使某些变量的作用过于突出的问题。鉴于第一种方法得到了现有研究的广泛采用，本书也采用这种方法度量经营环境差异。考虑到同一变量即使在不同年份也有不同方差，对经营环境维度方差的度量考虑了时间因素。具体而言，本书对经营环境差异的度量方法如下：

$$ID_{ijt} = \left\{ \sum_{k=1}^{N} \left[\frac{(I_{kit} - I_{kjt})^2}{V_{kt}} \right] \right\} \Big/ N \tag{6-1}$$

式中，ID_{ijt}指 t 年省区市 i 和 j 之间的经营环境差异；I_{kit}是省区市 i 第 t 年在经营环境维度 k 上的得分；I_{kjt}是省区市 j 第 t 年在经营环境维度 k 上的得分；V_{kt}是经营环境维度 k 在第 t 年的方差。具体而言，在度量各地区之间的文化差异时，$N=4$，四个文化维度分别是权力距离、男性气质/女性气质、不确定性规避和个人主义/集体主义。在度量各地区之间经济、金融、行政和创新差异时，$N=1$。

（三）中介变量

本书中经营环境差异通过影响企业跨地区经营战略而影响跨地区经营

绩效，在这个影响关系中跨地区经营战略是中介变量。跨地区经营战略反映了企业在某一地区开展跨地区经营的力度和重视程度。现有研究大多采用企业在目标市场设立的分支机构数量或投资力度来度量（宋渊洋和黄礼伟，2014）。对服务企业而言，由于涉及的固定资产投资较少，在目标市场设立的分支机构数量比投资力度更能反映企业对目标市场的重视程度和跨地区经营的力度。由于本书的对象证券企业是典型的服务企业，使用证券企业在各省区市设立的营业部数量来度量企业在该地区的跨地区经营战略。企业在某一个地区设立的营业部数量越多，表示企业越重视在该地区实施跨地区经营战略，在该地区的跨地区经营战略越激进。

（四）调节变量

本书涉及的调节变量包括经营环境相对发展水平和跨地区经营经验。这两个变量的度量方法如下：

1. 经营环境相对发展水平

经营环境相对发展水平反映了企业总部所在地的经营环境发展水平是高于还是低于跨地区经营目标市场的经营环境发展水平。当总部所在地的经营环境发展水平高于目标市场的经营环境发展水平时，表示企业是从经营环境相对发展水平高的地区向经营环境相对发展水平低的地区进行跨地区经营，此时经营环境相对发展水平等于1。当总部所在地的经营环境发展水平等于或低于目标市场的经营环境发展水平时，表示企业是从经营环境相对发展水平低的地区向经营环境发展水平相同或高的地区进行跨地区经营，此时经营环境相对发展水平等于0。值得指出的是，在经营环境相对发展水平方面，由于难以判断文化的相对发展水平的高和低，经营环境相对发展水平只包含经济、金融、行政和创新维度。

2. 跨地区经营经验

企业跨地区经营经验反映了企业通过跨地区经营获得的与各个地区利益相关者打交道的经验的丰富程度。经验与从事某项活动的次数有关，从事某项活动的次数越多，积累的相关经验越丰富（McDonald 等，2008）。

因此，现有研究大多采用参与相关活动的次数度量企业在该方面积累的经验。例如，Heimeriks 和 Duysters（2007）用企业并购的次数度量企业的并购经验，Ha 和 Rothaermel（2005）用企业参与 R&D 联盟的次数度量企业在 R&D 联盟方面的经验。相应地，企业跨地区经营经验的丰富程度与企业进入的地区数量有关（Carlsson 等，2005；Clarke 等，2013）。由于不同地区在制度安排等方面有较大差异，企业进入的地区数量越多，积累的适应不同地区制度因素以及与不同地区制度主体打交道的经验越丰富。因此，与现有研究类似（宋渊洋和李元旭，2013），本书采用企业进入的省区市数量度量企业跨地区经营经验的丰富程度。

（五）控制变量

为控制其他因素可能带来的影响，在回归分析时把市场分割程度、地理距离、企业规模、企业年龄、目标市场规模和所属年份作为控制变量。上述控制变量选取的原因和度量方法如下：

1. 市场分割程度

在中国进行行政性分权改革后，地方政府才成为真正的利益主体，开始有充足的动力促进地方经济发展（银温泉和才婉茹，2001）。然而，地方政府自身利益的形成也使地方政府有动机利用手中的权力谋求地方利益，如维持地区经济的持续发展、保证财政收入稳定和增加就业等，这直接导致市场分割形成（赵奇伟，2009）。市场分割在很大程度上加大了外地企业的进入壁垒和经营成本。例如，李元旭和宋渊洋（2011）的研究发现市场分割越严重的地区，地方政府越倾向于利用所得税优惠保护本地企业。为反映市场分割对企业跨地区经营带来的影响，本书将目标市场的市场分割程度作为控制变量。

关于市场分割的测量有多种方法，包括生产法、贸易法、价格法、经济周期法和调查问卷法（余东华和刘运，2009）。桂琦寒等（2006）比较了各种测量方法，认为 Parsley 和 Wei（1996）发展出来的价格法是一种有前景的测量方法。价格法的思想来源于冰川成本模型，是对一价原理的一个修正（陆铭和陈钊，2009）。一价原理认为由于套利的存在，各地区的价格会趋于一致。价格法则认为由于存在路耗等形式的交易成本，即使完全套利，两地价格仍然不会完全相等。相对价格会在一定区间内波动，其波动的范围与交易成本的大小正相关。当交易成本上升时，两地价格波动的范围会变大。在这里交易成本泛指各种导致商品流通成本增加的因素，既包括自然地理的阻隔，也包括市场分割导致的制度性障碍（陆铭和陈钊，2009）。因此，在剔除自然地理等因素导致的价格波动后，可以用两地区价格波动的范围来衡量市场分割导致的制度性障碍的大小，从而测量地区之间的市场分割程度。

国内的相关文献大多用价格法来测量地区市场分割程度（陈敏等，2007；范爱军等，2007；刘小勇和李真，2008；陆铭和陈钊，2009；余东华和刘运，2009；赵奇伟，2009；张杰等，2010；宋渊洋和单蒙蒙，2013）。考虑到价格法已经广泛应用，其有效性得到了众多研究验证，本书也采用价格法来测量各省区市的市场分割程度。本书采用的计算方法与陈敏等（2007）、桂琦寒等（2006）、陆铭和陈钊（2009）和张杰等（2010）相同。

不同的是，上述研究选取9类商品的零售价格指数计算市场分割指数（粮食、鲜菜、饮料烟酒、服装鞋帽、中西药品、书报杂志、文化体育用品、日用品以及燃料），本书选用了2001～2009年连续统计的、包含上述9类商品在内的14类商品的零售价格指数来测量市场分割程度（粮食、油脂、水产品、鲜菜、饮料烟酒、服装鞋帽、纺织品、中西药品、化妆品、书报杂志、日用品、家用电器、燃料以及建筑装潢材料），测量更为细致（宋渊洋和单蒙蒙，2013；宋渊洋和黄礼伟，2014）。

2. 地理距离

地理距离会影响运输和沟通成本（Berry等，2010），对企业跨地区经营有重要影响。按照Chen（2004）的计算方法，两个省区市之间的地理距离可以用中心城市之间的大圆距离来替代（Great Circle Distance）。在本书中，各省区市的中心城市是指省区首府和直辖市，这是由于这些城市一般是所在省区的政治、经济和文化中心，企业在跨地区经营时会首先考虑进入省区首府和直辖城市。因此，使用省区首府和直辖市之间的距离替代省区市与省区市之间的距离有较强的合理性。在计算时，首先获取各个省区首府和直辖市的经度和纬度信息，然后基于经度和纬度计算城市之间的大圆距离。

具体计算方法如下：假设地球上有 A 和 B 两个城市，城市 A 的经度为 θ_1，纬度为φ_1，城市 B 的经度为θ_2，纬度为φ_2（经纬度均为弧度），则城市 A 和 B 之间的大圆距离 d 如下：

$$d = R \times \arccos[\sin\varphi_1 \sin\varphi_2 + \cos\varphi_1 \cos\varphi_2 \cos(\theta_1 - \theta_2)] \quad (6-2)$$

式中，R 为地球半径，等于 6370 千米。通过上述方法，可以计算各个省区首府和直辖市之间的地理距离，这也是各个省区市之间的地理距离。

3. 企业规模

首先，企业规模对企业跨地区经营战略有影响。规模越大的企业拥有的资源往往越多，越有可能采用跨地区经营战略。这表现为规模大的企业更可能进入更多省区首府和直辖进行跨地区经营，以及在同一个省区首府和直辖设立更多分支机构，以充分利用资源丰富的优势。其次，当分析企业跨地区经营战略对企业业绩的影响时，也需要控制企业规模的影响。这是因为规模大的企业往往有规模效应，能在很大程度上平摊固定成本，使企业的平均成本比规模小的企业更低。因此，企业规模对企业成本有负向影响，对企业业绩有正向影响。

基于以上两方面的考虑，在进行回归分析时，需要控制企业规模的影响。企业规模有多种度量方法，如可以采用企业总资产、注册资本和营业收入来度量。考虑到规模大的企业的注册资本一般更高，本书采用注册资本的自然对数来度量企业规模。采用自然对数的目的是缓和企业规模可能存在的异方差和偏态性（Wooldridge，2005）。不采用企业总资产的原因在于企业总资产的度量过于注重固定资产，而证券企业属于典型的服务企业，总资产难以反映其真实规模；不采用营业收入的原因在于证券企业的营业收入随着市场行情波动非常大，使不同年份的企业规模不具有可比性。

综上所述，本书采用注册资本的自然对数度量证券企业的规模，这种度量方法是所有企业规模度量方法中最合适的（宋渊洋和黄礼伟，2014）。

4. 企业年龄

企业年龄对企业跨地区经营战略选择和绩效也有潜在的影响。首先，企业年龄对企业跨地区经营战略选择有影响。成立时间早，年龄大的企业对各地区市场往往有更为深入的理解和更丰富的跨地区经营经验，更可能进行跨地区经营。另外，成立时间早的企业由于长期立足本地市场，往往在本地市场有较高的市场份额，但继续提高市场份额的难度越来越大。因此，为进一步发展，企业更有动机进行跨地区经营，更可能希望通过开发新的市场来实现营业收入和利润的可持续增长。

其次，企业年龄对企业业绩也有潜在的影响。年龄大的企业往往在内部管理等方面更为规范，决策机制更为成熟。因此，企业年龄对企业业绩有潜在的正向影响。然而，企业年龄也可能导致企业内部管理的官僚化和僵化，导致内部管理成本上升。在这种意义上，企业年龄又可能对企业业绩有负向影响。不过，值得肯定的是企业年龄对企业业绩有影响。因此，需要在回归中控制企业年龄的潜在影响。企业年龄用数据年份减去成立年份加1度量。例如，企业A成立于1980年，在2007年企业A的年龄是28（=2007－1980+1）。

5. 目标市场规模

企业跨地区经营一个极为重要的考虑是目标市场规模。对企业而言，当目标市场规模大时，其更有可能进入该市场，并且设立更多的营业部，以充分利用目标市场规模大的特点实现快速成长。其次，目标市场规模对企业跨地区经营绩效也有潜在影响。当目标市场规模大时，企业往往能较为容易地获得更高的营业收入，在同等投入的情况下，企业业绩会更好。

基于以上两方面考虑，需要控制目标市场规模对企业跨地区经营战略选择和业绩的影响。在目标市场规模的度量方面，现有研究多使用目标市场的GDP［如Asiedu（2006）］。与现有研究类似，本书也采用各省区市的经济规模（GDP）度量目标市场规模，这是由于经济总量大的省区市居民的证券投资需求也往往越大。鉴于不同省区市的 GDP 数值差异很大，为缓和由此可能导致的异方差和偏态性（Wooldridge，2005），采用取自然对数后的 GDP 度量目标省区市市场规模。

6. 所属年份

企业在不同年份面临的外部环境有较大差异，这可能会对企业跨地区经营战略和绩效产生重要影响。为控制年份的潜在影响，在回归分析时控制样本所属年份。具体而言，通过设立年份哑变量来控制年份的影响。本书的样本区间为 2001 ~2009 年，共设置 8 个年份哑变量。

综上所述，本书设置的控制变量以及这些变量的度量方法如表 6 – 14 所示。

表 6 – 14 控制变量的定义和度量方法

变量名称	变量代码	测量方法
市场分割程度	*Segment*	地区的市场分割指数，按照桂琦寒等（2006）、陈敏等（2007）的测量方法
地理距离	*geo_distance*	企业总部所在省区市和跨地区经营进入省区市之间的地理距离（单位：千米）
企业规模	ln*size*	企业注册资本的自然对数
企业年龄	*age*	企业的成立年数
目标市场规模	ln*gdp*	进入省区市 GDP 的自然对数
所属年份	y_i	样本所属年份，2001 ~2009 年共 9 年，设置 8 个哑变量，y_1 ~ y_8

由表 6 – 14 可以看出，本书的控制变量包含市场分割程度、地理距离、企业规模、企业年龄、目标市场规模和所属年份。通过对上述变量的控制，能更有效地揭示经营环境差异对企业跨地区经营战略和跨地区经营绩效的影响。此外，由于选用来自同一个行业（证券业）的样本，因此不用控制行业。

三、测量信度和效度

本节对变量测量的信度和效度进行分析，以评估变量测量的质量。由于本书采用的是二手数据，数据收集主要由其他机构和研究者完成。在收集数据时，数据的收集者会对测量题项的信度进行检验，因此测量题项的信度有所保障。考虑到从已有的研究中抽取部分题目来测量相关变量，本节侧重分析这些题项是否反映同一个构念，即测量的效度。

（一）信度分析

信度是指使用相同研究技术重复测量同一个对象时，得到相同研究结果的可能性。由于本书的数据主要由三部分构成，即 World Value Survey 对各个地区文化的调查数据、各个地区的统计数据以及上市公司财务报表中的数据，有必要对各部分的测量信度进行分析。各个地区的统计数据和上市公司财务报表中的数据在信度方面不存在问题，因为这些数据是客观数据，重复测量得到的结果是一致的。因此，信度方面需要进一步分析的是 World Value Survey 数据中相关测量题项的信度。

World Value Survey 在 1981 ~ 2007 年对大多数国家进行了五次调研，通过这些调查，问卷得到多次修正，问卷中问题的信度也得到检验。由于 World Value Survey 测量的科学性和调查数据的可靠性，其收集的数据在研究中已经得到广泛应用（Inglehart 和 Baker，2000；McCrae 和 Terracciano，2005；Guiso 等，2006；Van de Vliert，2007；Inglehart，2008；White 和 Tadesse，2008；Ruiter 和 van Tubergen，2009；Berry 等，2010）。鉴于 World Value Survey 是基于成熟的调研问卷进行调研，并且本身也会对问卷包含问题的信度进行检验，在测量中保留信度高的题项。因此，World Value

Survey 中测量题项的信度是有保障的，本书使用的文化题项在信度方面有保障。

（二）效度分析

效度是指测量题项能在多大程度上反映变量的真实含义。本书通过以下两个方面保证测量的效度。首先，对经营环境各个维度的测量采用的是现有研究广为采用的和较为成熟的测量方法。由于这些测量方法被广为使用，现有研究已经在很大程度上表明这些测量方法有较高的效度。其次，通过探索性因子分析方法对各个经营环境维度的测量进行分析，以检验测量方法的结构效度。

对于文化的测量，采用的是来自 World Value Survey 2007 年在中国的调研数据。正式经营环境（包括经济、金融、行政和创新）则基于 2001 ~ 2009 年的数据进行分析。因了分析的结果也是基丁上述年份的数据。

1. 文化环境

在进行探索性因子分析之前，基于 KMO 和 Bartlett 检验来检验变量之间的相关性。检验结果如表 6 - 15 所示。

表 6 - 15 KMO 和 Bartlett 检验结果（文化环境）

Kaiser - Meyer - Olkin Measure of Sampling Adequacy		0.548
Bartlett's Test of Sphericity	Approx. Chi - Square	159.372
	df	15
	Sig.	0.000

从表 6 - 15 可以看出，KMO 的样本观测值为 0.548，高于 0.5（可做因子分析的最低标准），同时 Bartlett 检验的 p 值小于 0.05 的显著性水平。上述分析表明文化环境的题项可以进行因子分析。在进行因子分析时，采用的方法是主成分分析方法（Principal Component Analysis），考虑到文化是一个四维度的构念，直接抽取四个主成分。因子分析的结果如表 6 - 16

和表 6 - 17 所示。

表 6 - 16 表明，第一个主成分解释的方差比率是 23. 158%，第二个主成分解释的方差比率是 17. 828%，第三个主成分解释的方差比率是 17. 404%，第四个主成分解释的方差比率是 15. 422%。抽取的四个主成分解释的方差总和达到 73. 812%，总体上抽取的四个主成分解释了文化环境题项包含的大部分变异。

表 6 - 16 解释的方差（文化环境）

Component	Initial Eigenvalues			Rotation Sums of Squared Loadings		
	Total	% of Variance	Cumulative %	Total	% of Variance	Cumulative %
1	1. 389	23. 158	23. 158	1. 258	20. 960	20. 960
2	1. 070	17. 828	40. 985	1. 145	19. 078	40. 038
3	1. 044	17. 404	58. 389	1. 019	16. 989	57. 027
4	0. 925	15. 422	73. 812	1. 007	16. 785	73. 812
5	0. 837	13. 957	87. 768			
6	0. 734	12. 232	100. 000			

表 6 - 17 经过正交旋转后的因子载荷矩阵（文化环境）

变量	Component			
	1	2	3	4
问题（1）	-0. 048	0. 012	0. 954	0. 005
问题（2）	0. 775	0. 075	-0. 061	0. 009
问题（3）	0. 801	0. 035	0. 016	-0. 015
问题（4）	0. 110	0. 717	0. 248	-0. 112
问题（5）	0. 015	0. 789	-0. 208	0. 122
问题（6）	-0. 004	0. 012	0. 002	0. 990

注：各个问题的具体含义参见表 6 - 3。

表 6 - 17 是因子载荷矩阵。表明第一个主成分主要反映了问题（2）和问题（3），测量的是个人主义/集体主义；第二个主成分主要反映了问

题（4）和问题（5），测量的是男性气质/女性气质；第三个主成分主要反映了问题（1），测量的是权力距离；第四个主成分反映的是问题（6），测量的是不确定性规避。总体上，因子载荷符合预期，表明文化环境分量表的结构效度较好。

2. 经济环境

在进行探索性因子分析之前，基于 KMO 和 Bartlett 检验来检验变量之间的相关性。检验结果如表 6－18 所示。

表 6－18 KMO 和 Bartlett 检验结果（经济环境）

Kaiser – Meyer – Olkin Measure of Sampling Adequacy		0.740
Bartlett's Test of Sphericity	Approx. Chi – Square	490.665
	df	3
	Sig.	0.000

从表 6－18 可以看出，KMO 的样本观测值为 0.740，高于临界值（0.5），同时 Bartlett 检验的 p 值小于 0.05 的显著性水平。上述分析表明经济环境的题项可以进行因子分析。在进行因子分析时，采用的方法是主成分分析方法（Principal Component Analysis），抽取主因子的原则是特征值（Eigenvalue）大于 1。因子分析的结果如表 6－19 和表 6－20 所示。

表 6－19 解释的方差（经济环境）

Component	Initial Eigenvalues			Extraction Sums of Squared Loadings		
	Total	% of Variance	Cumulative %	Total	% of Variance	Cumulative %
1	2.466	82.205	82.205	2.466	82.205	82.205
2	0.314	10.460	92.666			
3	0.220	7.334	100.000			

表 6－19 表明，抽取一个主成分解释的方差就可以达到 82.205%，解释的比率较高。表 6－20 是因子载荷矩阵，从中可以看出，所有的指标都反映了同一个主成分，说明三个指标测量的是同一个构念。

表 6－20　因子载荷矩阵（经济环境）

变量	Component
	1
人均 GDP	0. 892
出口/GDP	0. 903
进口/GDP	0. 925

注：变量的具体定义参见表 6－7。

从表 6－19 和表 6－20 来看，因子载荷符合预期，说明人均 GDP、出口/GDP 和进口/GDP 度量的都是一个地区的经济环境，表明经济环境分量表的结构效度较好。

3. 金融环境

在进行探索性因子分析之前，基于 KMO 和 Bartlett 检验来检验变量之间的相关性。检验结果如表 6－21 所示。

表 6－21　KMO 和 Bartlett 检验结果（金融环境）

Kaiser－Meyer－Olkin Measure of Sampling Adequacy		0. 644
Bartlett' s Test of Sphericity	Approx. Chi－Square	243. 547
	df	3
	Sig.	0. 000

从表 6－21 可以看出，KMO 的样本观测值为 0. 644，高于临界值（0. 5），同时 Bartlett 检验的 p 值小于 0. 05 的显著性水平。上述分析表明金融环境的题项可以进行因子分析。

在进行因子分析时，采用的方法是主成分分析方法（Principal Component Analysis），抽取主因子的原则是特征值（Eigenvalue）大于 1。因子分析的结果如表 6－22 和表 6－23 所示。表 6－22 表明，抽取一个主成分解释的方差就可以达到 68. 141%。表 6－23 是因子载荷矩阵，从中可以看出，三个指标都反映了同一个维度，说明测量的是同一个构念。

表 6-22　解释的方差（金融环境）

Component	Initial Eigenvalues			Extraction Sums of Squared Loadings		
	Total	% of Variance	Cumulative %	Total	% of Variance	Cumulative %
1	2.044	68.141	68.141	2.044	68.141	68.141
2	0.637	21.221	89.362			
3	0.319	10.638	100.000			

表 6-23　因子载荷矩阵（金融环境）

变量	Component
	1
各项贷款余额/GDP	0.854
上市公司总市值/GDP	0.731
百万人口上市公司数量	0.883

注：变量的具体定义参见表 6-9。

表 6-22 和表 6-23 表明，各项贷款余额/GDP、上市公司总市值/GDP 和百万人口上市公司数量属于同一个因子，度量的都是一个地区的金融环境。因此，总体上因子载荷符合预期，表明金融环境分量表的结构效度较好。

4. 行政环境

在进行探索性因子分析之前，基于 KMO 和 Bartlett 检验来检验变量之间的相关性。检验结果如表 6-24 所示。

表 6-24　KMO 和 Bartlett 检验结果（行政环境）

Kaiser-Meyer-Olkin Measure of Sampling Adequacy		0.500
Bartlett's Test of Sphericity	Approx. Chi-Square	8.347
	df	1
	Sig.	0.004

从表 6－24 可以看出，KMO 的样本观测值为 0. 500，刚好达到临界值（0. 5），同时 Bartlett 检验的 p 值小于 0. 05 的显著性水平。上述分析表明行政环境的题项可以进行因子分析。在进行因子分析时，采用的方法是主成分分析方法（Principal Component Analysis），抽取主因子的原则是特征值（Eigenvalue）大于 1。因子分析的结果如表 6－25 和表 6－26 所示。

表 6－25　解释的方差（行政环境）

Component	Initial Eigenvalues			Extraction Sums of Squared Loadings		
	Total	% of Variance	Cumulative %	Total	% of Variance	Cumulative %
1	1. 172	58. 607	58. 607	1. 172	58. 607	58. 607
2	0. 828	41. 393	100. 000			

表 6－26　因子载荷矩阵（行政环境）

变量	Component
	1
政府支出占 GDP 的比重	－0. 766
每万人中腐败案件数量	0. 766

注：变量的具体定义参见表 6－11。

表 6－25 表明，抽取一个主成分解释的方差就可以达到 59. 607％。表 6－26 是因子载荷矩阵，从中可以看出，政府支出占 GDP 的比重和每万人中腐败案件数量属于同一个因子。总体上，因子载荷符合预期，表明行政环境分量表的结构效度较好。不过，从因子载荷来看，第一个指标为负，第二个指标为正，说明第一个指标与行政环境负相关，第二个指标与行政环境正相关。考虑到要使分值越大表示地区行政环境越好，本书采用（政府支出占 GDP 的比重－每万人中腐败案件数量）/2 计算各个省区市的行政环境的得分。

5. 创新环境

在进行探索性因子分析之前，检验变量之间的相关性，检验结果如表

6-27 所示。从中可以看出，KMO 的样本观测值为 0.604，高于临界值（0.5），同时 Bartlett 检验的 p 值小于 0.05 的显著性水平。上述分析表明创新环境的题项可以进行因子分析。

表 6-27 KMO 和 Bartlett 检验结果（创新环境）

Kaiser - Meyer - Olkin Measure of Sampling Adequacy		0.604
Bartlett's Test of Sphericity	Approx. Chi - Square	1061.076
	df	3
	Sig.	0.000

在进行因子分析时，采用的方法是主成分分析方法（Principal Component Analysis），抽取主因子的原则是特征值（Eigenvalue）大于 1。因子分析的结果如表 6-28 和表 6-29 所示。

表 6-28 解释的方差（创新环境）

Component	Initial Eigenvalues			Extraction Sums of Squared Loadings		
	Total	% of Variance	Cumulative %	Total	% of Variance	Cumulative %
1	2.622	87.386	87.386	2.622	87.386	87.386
2	0.355	11.836	99.221			
3	0.023	0.779	100.000			

表 6-29 因子载荷矩阵（创新环境）

变量	Component
	1
每万人口专利申请数	0.979
每万人口专利授权数	0.954
每万人口科技论文数量	0.867

注：变量的具体定义参见表 6-13。

表6－28表明，抽取一个主成分解释的方差就可以达到87.386%。表6－29是因子载荷矩阵，从中可以看出，每万人口专利申请数、每万人口专利授权数和每万人口科技论文数都属于同一个因子。总体来说，因子载荷符合预期，这表明创新环境分量表的结构效度较好。

四、本章小结

本章阐述了本书采用的研究方法，包括行业选取的原因、数据来源、数据收集和整理步骤等。还重点介绍了研究变量的度量方法，包括自变量、因变量、中介变量、调节变量和控制变量的度量方法和文献依据。最后，论述了研究测量的信度和效度。

第七章

描述性统计分析

一、样本的描述性统计

本书的样本包括测量各个地区文化环境的样本和企业样本，测量各个地区文化环境的样本来自 World Value Survey 的调查数据，企业样本来自本书收集的相关数据。本节将对这两个方面的样本进行描述性统计。

（一）文化环境样本的描述性统计

本书测量各个地区文化环境的样本来自 World Value Survey 在中国各个地区的调查数据（网址：www. worldvaluessurvey. org）。World Value Survey 是一个世界性的研究组织，聚焦于研究世界各国人民的价值观和信仰，并探索这些价值观和信仰如何随着时间而变化，以及这些价值观和信仰产生了怎样的社会和政治影响。该项研究起源于 1981 年，发起者是 Jan Kerkhofs 和 Ruud de Moor。目前，World Value Survey 在将近 100 个有代表性的国家开展了调研。

中国也是 World Value Survey 的重点调查对象之一。该组织分别于

1990 年、1995 年、2001 年、2007 年和 2012 年在中国开展过 5 次调研。World Value Survey 在各次调查收集的问卷数量如表 7 – 1 所示。

表 7 – 1　World Value Survey 各次调查收集的问卷数量　　单位：份

调查年份	问卷数量
1990	1000
1995	1500
2001	1000
2007	2015
2012	2300

由表 7 – 1 可以看出，1990 年和 2001 年均收集了 1000 份问卷，1995 年收集了 1500 份，2007 年收集了 2015 份，2012 年收集的问卷数量最多，达到 2300 份。本书的时间跨度是 2001 ~ 2009 年，在 World Value Survey 的数次调查中 2007 年的调查与本书的时间跨度最为接近。因此，选用 2007 年的数据来测量中国各个地区的文化环境。选取 2007 年的另一个重要原因是 2007 年的样本数量较大（与 2001 年相比），达到 2015 份。

2007 年的调研由北京大学中国国情研究中心执行，通过抽取一个有全国代表性的样本，采用入户调查方式收集问卷。调查样本的地区分布如表 7 – 2 所示。

表 7 – 2　测量各个地区文化环境的样本分布　　单位：份

地区	样本数量	地区	样本数量
安徽	113	江苏	26
北京	68	江西	65
福建	73	辽宁	129
广东	110	宁夏	25
广西	96	山东	269

续表

地区	样本数量	地区	样本数量
贵州	65	山西	81
海南	70	陕西	62
河北	65	上海	67
河南	106	新疆	51
黑龙江	126	云南	84
湖北	133	浙江	89
湖南	41	重庆	1
样本总数	2015	平均样本数	84.96

从表 7－2 可以看出，样本总数为 2015 份，各省区市的平均样本数为 84.96 份。由于严格遵循概率抽样原则，该调查数据有较强的代表性。不过，由于各方面的原因，有些省区市的样本数量很少，如重庆只有 1 份，而有些省区市则没有展开调研（如甘肃），导致某些省区市没有相应的数据。本书采用如下方法弥补由此导致的数据缺失：首先，由于文化变迁较为缓慢，对于数据缺失的省区市，如果 2001 年该省区市有相关调研数据则采用 2001 年的调研数据；其次，如果该省区市在 2001 年没有相应的调研数据，则采用邻近省区市的均值作为该省区市在文化各个维度的得分。因为，地理上邻近的省区市在文化方面也往往较为接近。通过以上两个途径，可以得到各省区市在文化各个维度上的得分。

（二）企业样本的描述性统计

本书主要探讨经营环境差异对企业国内跨地区经营战略和国内跨地区经营绩效的影响，通过查阅企业年报可以收集到证券企业相关研究数据。时间跨度是 2001～2009 年，证券企业样本数量的描述性统计如表 7－3 所示。

表 7-3 企业样本数量的描述性统计

年份	企业总数（家）	样本企业数量（家）	样本占企业总数的比重（%）
2001	109	74	67.89
2002	132	115	87.12
2003	138	128	92.75
2004	134	130	97.01
2005	136	130	95.59
2006	136	128	94.12
2007	132	124	93.94
2008	120	113	94.17
2009	105	92	87.62
合计	1142	1034	90.54

由表 7-3 中的企业数量来看，2001 年有 109 家企业。其后，企业数量呈上升趋势，2003 年达到 138 家。此后，企业数量开始下降，2009 年下降到 105 家。表 7-3 还包含各年份的样本企业数量。以 2001 年为例，该年全国共有 109 家企业，本书获得了其中 74 家企业的数据，因此样本占企业总数的比重为 67.89%。随着时间的推移，获取企业数据的难度相对下降，样本数量占企业总数的比重呈上升趋势。2001 ~ 2009 年共有 1034 个观测值，样本数占全国企业总数的比重为 90.54%，说明本书使用的样本覆盖面较广，有较强的代表性。

二、研究变量的描述性统计

（一）因变量的描述性统计

本书涉及的因变量有两个，即企业在目标市场的市场份额和企业在目标市场的营业收入占企业营业总收入的比重。这两个变量的描述性统计如表7－4所示。

表7－4　因变量的描述性统计　　单位:%

变量	观测值	均值	标准差	最小值	最大值
市场份额	7826	2.761	6.464	0	99.070
营业收入占总收入的比重	7826	13.212	22.188	0	100

由表7－4可以看出，企业在某一个地区最高的市场份额为99.070%，最低为0。在某一个地区的营业收入占营业总收入的比重最高为100%，最低为0。从平均值来看，企业在目标市场的平均市场份额为2.761%，目标市场营业收入占营业总收入的比重为13.212%。表7－4并未区分企业是在总部所在省份还是在总部所在地之外的省份的经营绩效。为了更清晰地反映企业在外省份的跨地区经营绩效，有必要区分企业在总部所在省份和其他省份的经营绩效。企业在总部所在省份和总部所在地之外省份的经验绩效的描述性统计如表7－5所示。

表7－5　企业跨地区经营绩效的描述性统计　　单位:%

变量	市场份额		营业收入占营业总收入的比重	
	均值	标准差	均值	标准差
外省份	1.757	3.409	6.971	11.812
总部所在省份	9.594	13.913	55.673	28.719

表7－5表明，企业在外省份的平均市场份额为1.757%，而在总部所在省份的平均市场份额为9.594%。企业在总部所在省份以外省份的营业收入占企业营业总收入的平均比重为6.971%，而企业在总部所在省份的营业收入占企业营业总收入的平均值高达55.673%，即平均而言企业55.673%的营业收入来自总部所在省份。

总体来看，上述分析结果表明企业在总部所在省区市经营得更好，在总部以外省区市经营得较差，并且差距非常明显。这充分说明中国证券企业在国内跨地区经营方面做得较差，还有较大提升空间。这也进一步证实探讨服务企业国内跨地区经营有重要的现实意义。

（二）自变量的描述性统计

本节提供自变量——经营环境差异的描述性统计。经营环境差异的描述性统计如表7－6所示，包括了文化差异、经济差异、金融差异、行政差异和创新差异的描述性统计。

表7－6 经营环境差异的描述性统计

变量	观测值	均值	标准差	最小值	最大值
文化差异	7826	1.876	1.661	0	9.582
经济差异	7826	4.533	5.374	0	23.779
金融差异	7826	6.160	7.855	0	29.396
行政差异	7826	4.925	5.755	0	22.941
创新差异	7826	5.164	6.072	0	23.992

从表7－6可以看出，这些经营环境差异的最小值均为0，这是由于企业在本地进行跨地区经营时经营环境差异，按照本书的算法为0。从经营环境差异的均值、标准差和最大值来看，各个地区之间的经营环境差异比较离散（标准差一般都大于均值），在一定程度上说明各个地区在经营环境上有较大差异。

（三）中介变量的描述性统计

本书使用的中介变量是企业跨地区经营战略，用企业在某一个地区设立的营业部数量来度量，中介变量的描述性统计如表7－7所示。为更清晰地反映企业在总部所在省份和其他省份设立营业部数量的差异，进一步把样本分为总部所在省份和总部以外省份两组分别进行描述性统计。

表 7-7 中介变量的描述性统计 单位：个

变量	观测值	均值	标准差	最小值	最大值
在总部以外省份	6823	2.281	2.897	1	49
在总部所在省份	1003	10.920	11.050	1	88
所有地区	7826	3.388	5.594	1	88

从表 7-7 可以看出，企业设立的营业部数量的均值是 3.388 个，即平均而言企业在进入的省份设立了 3.388 个营业部。企业在总部以外省份进行跨地区经营时，企业平均设立的营业部数量为 2.281 个，而企业在总部所在省份平均设立的营业部数量为 10.920 个，后者是前者的 4.8 倍。因此，企业在总部所在省份设立的营业部数量明显多于在总部以外省份设立的营业部数量，说明中国企业在总部所在省份的经营较为成功，在总部所在省份以外的省份经营表现一般，即中国企业在国内跨地区经营方面表现较差。

（四）调节变量的描述性统计

本书包含的调节变量是经营环境相对发展水平和跨地区经营经验，这两个变量的描述性统计如表 7-8 所示。

表 7-8 调节变量的描述性统计 单位：个

变量	观测值	均值	标准差	最小值	最大值
经济相对发展水平	7826	0.641	0.480	0	1
金融相对发展水平	7826	0.654	0.476	0	1
行政相对发展水平	7826	0.637	0.481	0	1
创新相对发展水平	7826	0.643	0.479	0	1
跨地区经营经验	7826	12.655	7.810	1	29

表 7-8 表明，各个维度经营环境相对发展水平的最大值是 1，最小值是 0，这是由于该变量是 0，1 变量。从跨地区经营经验来看，企业平均进入的省区市数是 12.655 个，最小值是 1 个，最大值是 29 个，说明不同企

业的跨地区经营经验有较大差异。

（五）控制变量的描述性统计

本书的控制变量包含市场分割程度、企业规模和年龄等，这些变量的描述性统计如表 7 –9 所示。

表 7 –9　控制变量的描述性统计

变量	观测值	均值	标准差	最小值	最大值
市场分割程度	7826	0. 000	0. 000	0. 000	0. 006
企业规模的自然对数	7826	2. 433	1. 094	–2. 303	4. 470
企业年龄（年）	7826	10. 299	5. 661	1	31
GDP 的自然对数	7826	8. 955	0. 812	4. 936	10. 584
地理距离（千米）	7826	1053. 530	727. 567	0. 000	3462. 626

表 7 –9 表明，企业规模的最大值为 87. 36 亿元（ $= e^{4.470}$ ），最小值为 0. 1 亿元（ $= e^{-2.303}$ ），说明企业规模有较大差异。从企业年龄来看，最大值为 31 年，最小值为 1 年，平均年龄为 10. 299 年，说明中国证券企业成立年数总体较短，并且不同企业差异很大。从地理距离来看，企业跨地区经营进入最远的省区市距总部的距离为 3462. 626 千米，平均距离为 1053. 530 千米，说明中国由于幅员辽阔导致企业在跨地区经营时需要进入地理距离较远的区域。

三、Pearson相关分析和多重共线性检验

（一）Pearson 相关分析

为反映变量之间的关系，防止在回归分析中出现较为严重的多重共线

性，本书在回归分析前对变量进行相关分析。研究变量的 Pearson 相关系数如表 7－10 所示。

表 7－10 研究变量的 Pearson 相关系数

变量	1	2	3	4	5	6	7	8	9	10	11	12	13
1. 市场份额													
2. 营业收入比重	0.33												
3. 跨地区经营战略	0.44	0.53											
4. 跨地区经营经验	0.09	-0.39	0.06										
5. 文化差异	-0.15	-0.33	-0.25	0.17									
6. 经济差异	-0.06	-0.21	-0.14	0.27	0.45								
7. 金融差异	-0.07	-0.17	-0.10	0.21	0.38	0.72							
8. 行政差异	-0.08	-0.20	-0.11	0.25	0.42	0.76	0.80						
9. 创新差异	-0.05	-0.21	-0.13	0.24	0.45	0.78	0.82	0.84					
10. 市场分割程度	0.00	-0.02	-0.04	-0.05	0.02	0.04	0.01	0.03	0.07				
11. 企业规模	0.08	-0.32	0.11	0.68	0.10	0.21	0.18	0.20	0.20	-0.05			
12. 企业年龄	0.00	-0.05	0.00	-0.01	-0.05	-0.13	-0.16	-0.11	-0.16	-0.03	0.05		
13. 目标市场规模	-0.25	0.09	0.14	-0.15	-0.10	-0.20	-0.06	-0.05	-0.17	-0.27	-0.02	0.15	
14. 地理距离	-0.22	-0.41	-0.30	0.14	0.35	0.21	0.12	0.09	0.19	0.06	0.05	0.05	-0.09

从表 7－10 可以看出：①控制变量与自变量的相关系数较低，除企业规模和跨地区经营经验的相关系数较高外，控制变量与自变量的相关系数均低于 0.4。②经济差异、金融差异、行政差异和创新差异两两之间的相关系数较高（大于 0.7），表明同时放入上述变量中的两个或两个以上到同一个回归模型可能导致多重共线性。因此，在假设检验部分采用一次放入一个经营环境差异维度的方法，没有同时放入多个维度。③文化差异与经济差异、金融差异、行政差异和创新差异的相关系数处于中等水平（0.4 左右）。

从相关系数的方向来看，无论企业国内跨地区经营绩效的度量指标（市场份额和营业收入比重）还是国内跨地区经营战略的度量指标（在目标市场的子公司数量）与文化差异、经济差异、金融差异、行政差异和创新差异的相关系数均为负，与研究假设的方向一致，为研究假设的成立提供了初步证据。另外，跨地区经营绩效和跨地区经营战略的相关系数为正，也与假设预测的方向一致。

（二）多重共线性检验

为避免变量之间相关系数较高导致回归模型出现多重共线性，降低回归估计的准确性，本书采用如下方法控制多重共线性可能对研究结论的干扰：①在包含经营环境差异的回归中，由于经营环境差异各维度之间的相关系数较高，采用一次放入一个经营环境差异维度的方法进行回归，以避免出现较为严重的多重共线性。②对各个回归模型进行多重共线性检验，具体而言主要通过查看各个回归变量的 VIF 值，当 VIF 值低于 3 时，认为回归模型的多次共线性程度较为轻微。

四、本章小结

本章是样本的描述性统计分析，主要对研究样本进行描述性统计，以获得研究数据的概貌。具体而言，首先对测量各个地区文化的样本和企业样本进行了描述性统计，表明研究样本有较强的代表性。其次对研究变量进行了描述性统计，以获得研究变量特征的相关信息。最后对变量进行了 Pearson 相关分析和多重共线性检验，以获得变量之间关系的信息，为判断研究假设是否成立提供初步信息，并采用恰当的策略避免假设检验时出现较为严重的多重共线性。

第八章 假设检验

本章基于中国企业国内跨地区经营数据检验提出的研究假设，包括直接作用假设、中介作用假设和调节作用假设。通过假设检验，可以得出相应的实证研究结论。

一、经营环境差异对跨地区经营绩效的直接作用检验

本书假设经营环境差异的各个维度（文化、经济、金融、行政和创新）对企业国内跨地区经营绩效有负向影响，如图8-1所示。

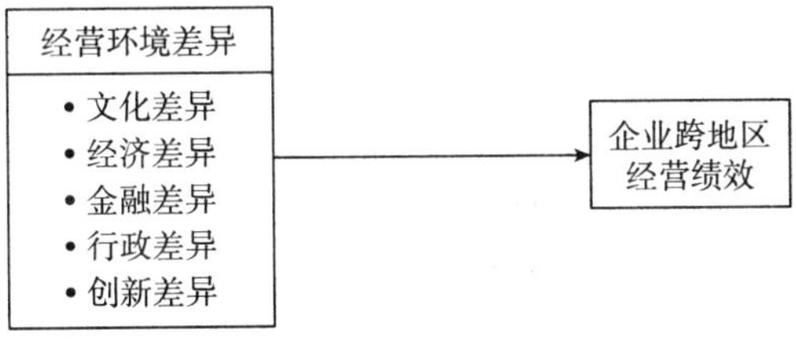

图8-1 经营环境差异对企业跨地区经营绩效的直接作用

如图 8 - 1 所示，假设目标市场与企业总部所在地的经营环境差异越大（包括文化、经济、金融、行政和创新），企业在目标市场的跨地区经营绩效越差，即 H1a ~ H1e。通过回归分析，可以检验上述假设。为提高研究结论的稳健性，本书使用两种方法度量企业在一个地区的跨地区经营绩效。首先，采用企业在目标市场的市场份额来度量跨地区经营绩效。市场份额越大，在目标市场跨地区经营越成功。其次，使用企业在目标市场的营业收入占公司营业总收入的比重来衡量企业跨地区经营的成功程度。企业在某一个目标市场的营业收入占公司营业总收入的比重越高，企业在该市场跨地区经营越成功。

因变量为市场份额时的回归分析结果如表 8 - 1 所示。

表 8 - 1　经营环境差异对企业跨地区经营绩效的直接作用检验（市场份额）

变量	(1)	(2)	(3)	(4)	(5)
企业规模	0.347***	0.392***	0.368***	0.393***	0.367***
	(4.443)	(5.183)	(4.708)	(5.030)	(4.804)
企业年龄	0.003	0.002	0.000	0.002	0.002
	(0.267)	(0.191)	(0.001)	(0.206)	(0.163)
目标市场规模	-3.141***	-3.160***	-3.067***	-3.058***	-3.113***
	(-12.988)	(-12.880)	(-12.805)	(-12.796)	(-12.815)
地理距离	-0.002***	-0.002***	-0.002***	-0.002***	-0.002***
	(-16.807)	(-17.623)	(-17.339)	(-17.379)	(-17.681)
市场分割程度	-1280.526***	-1277.459***	-1233.931***	-1214.257***	-1188.464***
	(-3.330)	(-3.305)	(-3.192)	(-3.147)	(-3.084)
年份哑变量	控制	控制	控制	控制	控制
文化差异	-0.481***				
	(-13.109)				
经济差异		-0.099***			
		(-8.838)			
金融差异			-0.058***		
			(-8.959)		

续表

变量	(1)	(2)	(3)	(4)	(5)
行政差异				-0.093***	
				(-9.912)	
创新差异					-0.069***
					(-7.120)
常数项	35.385***	35.163***	34.414***	34.306***	34.730***
	(13.342)	(13.165)	(13.136)	(13.132)	(13.108)
R^2	0.179	0.171	0.170	0.172	0.169
Adjust R^2	0.177	0.170	0.169	0.171	0.168
F	54.957***	55.752***	54.949***	55.226***	56.017***
N	7826	7826	7826	7826	7826

注：*表示 $p<0.10$，**p 表示 <0.05，***表示 $p<0.01$，双尾检验。采用的是异方差稳健性 t 统计量。

由表 8-1 可以看出，各个回归模型的 F 检验均在 1% 的水平上显著。从 R^2 来看，模型中自变量对因变量的解释比例在 17% 左右，即自变量的变异解释了因变量变异的 17% 左右。为避免出现多重共线性，在回归分析时将各个维度的经营环境差异逐个放入回归模型。从检验结果来看，文化差异的系数为负，显著性程度为 1%。经济差异、金融差异、行政差异和创新差异的回归结果与之类似，均在 1% 的显著性水平上显著为负。因此，回归结果表明文化差异、经济差异、金融差异、行政差异和创新差异均对企业国内跨地区经营绩效有显著的负向影响，即 H1a ~ H1e 得到了数据支持。

表 8-1 控制变量的回归结果表明，第一，企业规模对跨地区经营绩效有显著的正向影响，显著性程度为 1%。这是因为规模大的企业各方面实力更强，有更多的资源和能力用于跨地区经营，也更容易取得跨地区经营成功。第二，企业成立年数对跨地区经营绩效没有显著影响。第三，目标市场规模与企业市场份额负相关，这是因为目标市场规模越大，企业往

往面临更多竞争对手和更为激烈的竞争，市场份额难以提高。第四，地理距离对跨地区经营绩效有显著的负向影响，显著性程度为1%。这是因为地理距离提高了企业跨地区经营的物流和沟通等成本，对跨地区经营绩效有负向影响。第五，市场分割程度对企业跨地区经营有显著的负向影响，显著性程度为1%。这是因为地区市场分割程度越高，地方政府对当地企业保护力度越大。与本地企业不同，地区市场分割程度越高，外地企业越可能受到歧视，越难以提高在目标市场的绩效。

为进一步检验回归结果的稳健性，本书用企业在目标市场的营业收入占公司营业总收入的比重来度量企业跨地区经营绩效，再次进行回归分析，回归结果如表8－2所示。从中可以看出，所有回归模型的模型检验均是显著的（F检验均是显著的），自变量解释了因变量27%左右的变异，解释程度比表8－1使用的回归模型有所提高。从假设检验的结果来看，采用营业收入比重的检验结果与采用市场份额的回归结果保持一致，即在1%的显著性水平上。检验结果表明目标市场和企业总部的文化差异、经济差异、金融差异、行政差异和创新差异对企业在目标市场的跨地区经营绩效有显著的负向影响。

从控制变量的回归结果来看，由于因变量度量方式的差异，控制变量的回归结果有所不同。第一，企业规模与目标市场营业收入占企业营业总收入的比重负相关。这是因为企业规模越大，在跨地区经营时进入的区域可能越多，导致单个区域营业收入占企业营业总收入的比重越低。第二，企业年龄对跨地区经营绩效有显著的负向影响，显著性水平为10%。一般而言，成立年数多的企业往往进入更多目标市场，导致在单个市场的营业收入占公司营业总收入的比重相对较低。第三，目标市场规模越大，企业在目标市场开展经营的难度越低，营业收入规模越大，导致目标市场规模对当地营业收入占企业总收入的比重有显著的正向影响。第四，地理距离对当地营业收入占总公司的比重有显著的负向影响，这是由于地理距离加大了企业跨地区经营沟通和运输等方面的成本。第五，市场分割的影响变得不显著。

表 8-2　经营环境差异对企业跨地区经营绩效的直接作用检验（营业收入比重）

变量	(1)	(2)	(3)	(4)	(5)
企业规模	-5.466***	-5.479***	-5.469***	-5.280***	-5.428***
	(-23.280)	(-22.559)	(-22.818)	(-21.868)	(-22.570)
企业年龄	-0.084**	-0.061	-0.081*	-0.082*	-0.080*
	(-1.974)	(-1.396)	(-1.813)	(-1.884)	(-1.802)
目标市场规模	1.865***	2.019***	2.256***	2.288***	2.054***
	(6.086)	(6.429)	(7.316)	(7.428)	(6.587)
地理距离	-0.010***	-0.011***	-0.012***	-0.012***	-0.011***
	(-30.433)	(-32.596)	(-32.661)	(-32.741)	(-32.499)
市场分割程度	-210.481	-111.950	13.775	114.049	212.693
	(-0.325)	(-0.169)	(0.021)	(0.173)	(0.322)
年份哑变量	控制	控制	控制	控制	控制
文化差异	-2.459***				
	(-22.360)				
经济差异		-0.263***			
		(-7.753)			
金融差异			-0.210***		
			(-9.002)		
行政差异				-0.429***	
				(-12.555)	
创新差异					-0.293***
					(-9.708)
常数项	24.448***	20.676***	19.000***	18.821***	20.542***
	(7.014)	(5.817)	(5.436)	(5.408)	(5.804)
R^2	0.290	0.265	0.266	0.273	0.267
Adjust R^2	0.289	0.264	0.265	0.272	0.266
F	124.754	113.257	114.474	115.899	113.891
N	7826	7826	7826	7826	7826

注：* 表示 $p<0.10$，** 表示 $p<0.05$，*** 表示 $p<0.01$，双尾检验。采用的是异方差稳健性 t 统计量。

综合表 8 - 1 和表 8 - 2 的分析结果可以发现，无论采用哪种方式度量企业跨地区经营绩效，经营环境差异均与企业跨地区经营绩效显著负相关，即 H1a ~ H1e 得到了支持。这是因为，经营环境差异越大，企业熟悉当地经营环境的难度越大，越容易由于违反当地经营环境规则而丧失商业机会，甚至被相关方惩罚。上述方面会同时导致企业在经营环境差异大的地区收益降低和成本提升，从而经营环境差异与企业跨地区经营绩效负相关。

二、经营环境差异对跨地区经营战略的直接作用检验

本书假设经营环境差异对企业国内跨地区经营战略有显著的负向影响，如图 8 - 2 所示。

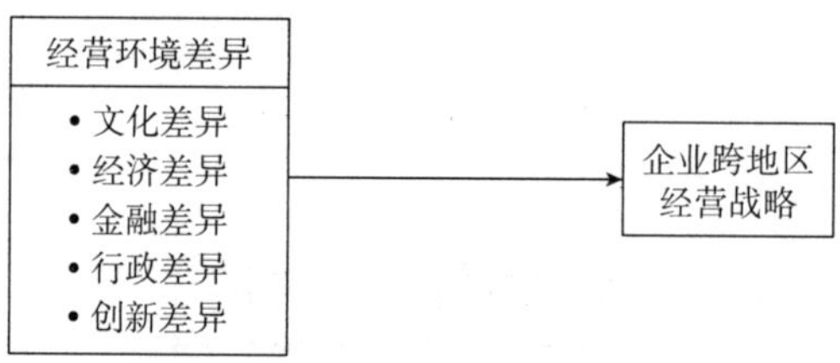

图 8 - 2　经营环境差异对企业跨地区经营战略的直接作用

由图 8 - 2 可以看出，目标市场和总公司所在地的经营环境差异越大（包含文化、经济、金融、行政和创新），企业在目标市场设立的营业部数量越少。本书使用回归分析检验 H2，即以经营环境差异为自变量，跨地区经营战略为因变量进行回归分析。回归分析的结果如表 8 - 3 所示。由于因变量是离散变量，取大于 0 的整数值，因此使用 Poisson 回归模型。结果显示，

所有模型的 Chi2 均显著，并且 R^2 在 19% 左右，说明模型的解释力较强。

从经营环境差异各个维度的回归结果来看，在 1% 的显著性水平上，文化差异、经济差异、金融差异、行政差异和创新差异对企业在目标市场设立的营业部数量有显著的负向影响，表明 H2a ~ H2e 得到了支持。这是因为经营环境差异加大了企业在目标市场经营的成本和风险，导致企业不愿意也难以在经营环境差异大的目标市场建立较多的分支机构，因此经营环境差异对企业跨地区经营战略有显著的负向影响。

表 8-3　经营环境差异对企业跨地区经营战略的直接作用检验

变量	(1)	(2)	(3)	(4)	(5)
企业规模	0.264***	0.275***	0.264***	0.282***	0.266***
	(15.801)	(15.069)	(14.783)	(15.347)	(14.957)
企业年龄	-0.005	-0.004	-0.005	-0.005*	-0.005
	(-1.604)	(-1.380)	(-1.590)	(-1.694)	(-1.508)
目标市场规模	0.250***	0.263***	0.287***	0.289***	0.274***
	(10.412)	(10.420)	(11.213)	(11.485)	(10.729)
地理距离	-0.001***	-0.001***	-0.001***	-0.001***	-0.001***
	(-22.399)	(-25.235)	(-26.168)	(-26.646)	(-25.930)
市场分割程度	-90.677*	-96.391*	-76.308	-78.588	-69.639
	(-1.836)	(-1.901)	(-1.508)	(-1.559)	(-1.381)
年份哑变量	控制	控制	控制	控制	控制
文化差异	-0.202***				
	(-19.368)				
经济差异		-0.033***			
		(-11.408)			
金融差异			-0.017***		
			(-9.023)		
行政差异				-0.032***	
				(-12.148)	
创新差异					-0.023***
					(-9.569)

续表

变量	(1)	(2)	(3)	(4)	(5)
常数项	-0.840***	-1.087***	-1.279***	-1.307***	-1.171***
	(-3.336)	(-4.101)	(-4.744)	(-4.938)	(-4.362)
Pseudo R^2	0.206	0.187	0.184	0.190	0.184
Chi2	1094.942	978.625	1017.627	1047.319	986.761
N	7826	7826	7826	7826	7826

注：*表示 $p<0.10$，**表示 $p<0.05$，***表示 $p<0.01$，双尾检验。采用的是异方差稳健性 t 统计量。

从表 8-3 控制变量的回归结果来看，企业规模对跨地区经营战略有显著的正向影响，显著性水平为 1%，这是因为，第一，规模大的企业实力更强，在目标市场设立的分支机构数量往往多于规模较小的企业。第二，企业年龄总体上对跨地区经营战略没有显著影响。第三，地区市场规模对企业跨地区经营战略有显著的正向影响，显著性水平为 1%，说明地区市场规模越大，企业越倾向于在该地区设立更多分支机构，以充分利用当地市场。第四，地理距离对企业跨地区经营战略有显著的负向影响，显著性水平为 1%，再一次说明地理距离的确是企业跨地区经营的一大障碍。第五，目标市场的市场分割程度对企业跨地区经营战略有负向影响，显著性水平在 10% 左右，这是因为市场分割程度提高了外地企业在目标市场的经营难度和失败概率，导致企业不愿意在当地进行跨地区经营。

三、跨地区经营战略对跨地区经营绩效的直接作用检验

H3 是关于企业跨地区经营战略对跨地区经营绩效的影响，认为跨地区经营战略对企业跨地区经营绩效有正向影响，如图 8-3 所示。

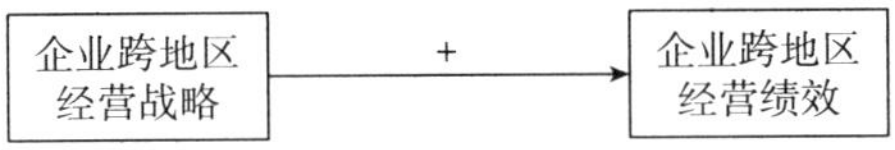

图 8－3　企业跨地区经营战略对跨地区经营绩效的直接作用

图 8－3 表明，H3 企业跨地区经营战略对跨地区经营绩效有正向影响，本书通过回归分析来检验 H3。由于跨地区经营绩效有两种度量方法，分别以这两种度量方法计算的变量为因变量进行回归，并比较两次回归的结果，以得到更稳健的研究结论。假设检验的结果如表 8－4 所示，回归结果表明各个模型是显著的。模型的 R^2 分别为 34.8% 和 47.5%，解释比例较高，说明自变量在很大程度上解释了企业跨地区经营绩效。

表 8－4 的回归结果表明，无论因变量是采用市场份额来度量，还是采用营业收入占总收入的比重来度量，跨地区经营战略均对跨地区经营绩效有显著的正向影响，显著性程度均为 1%。这是因为，跨地区经营战略能为企业带来种种收益，如制度套利、建立品牌知名度以及各个分支机构的资源共享和互补等，这些都有助于提高企业分支机构的经营绩效。上述分析表明 H3 得到了支持。

表 8－4　跨地区经营战略对企业跨地区经营绩效的直接作用检验

变量	(1)	(2)
	市场份额	目标市场营业收入占总收入比重
跨地区经营战略	0.526***	1.956***
	(16.827)	(21.278)
企业规模	－0.075	－7.112***
	(－0.936)	(－31.398)
企业年龄	0.013	－0.033
	(1.250)	(－0.932)
目标市场规模	－3.591***	0.310
	(－15.223)	(1.187)

续表

变量	(1)	(2)
	市场份额	目标市场营业收入占总收入比重
地理距离	-0.001***	-0.007***
	(-10.498)	(-23.388)
市场分割程度	-1164.614***	272.118
	(-3.171)	(0.472)
年份哑变量	控制	控制
常数项	36.853***	28.090***
	(14.577)	(9.430)
R^2	0.348	0.475
Adjust R^2	0.346	0.474
F	69.090	162.108
N	7826	7826

注：*表示 $p<0.10$，**表示 $p<0.05$，***表示 $p<0.01$，双尾检验。采用的是异方差稳健性t统计量。

表8-4中控制变量的回归结果表明，地理距离的回归结果始终在1%的显著性水平上为负，说明地理距离的确加大了企业跨地区经营成本，对企业跨地区经营绩效有显著的负向影响。另外，企业规模的影响总体上为负。市场规模和分割程度的影响方向与因变量的度量方法有关，前文已经做出解释，此处不再赘述。

四、跨地区经营战略在经营环境差异对跨地区经营绩效影响中的中介作用检验

本书假设跨地区经营战略在经营环境差异对企业跨地区经营绩效的影

响中有中介作用（H4a～H4e），如图 8－4 所示。

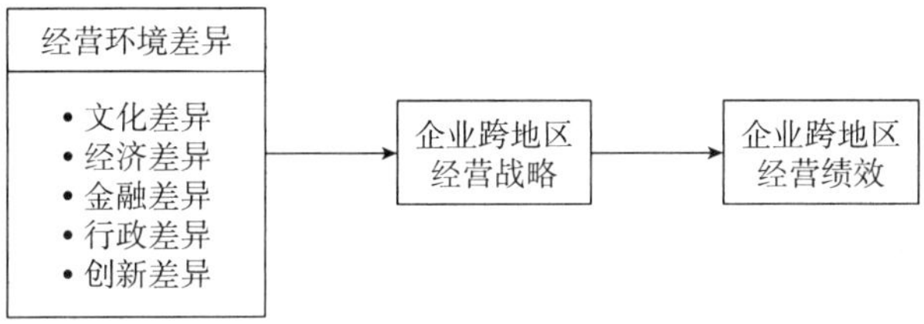

图 8－4 跨地区经营战略在经营环境差异对跨地区经营绩效影响中的中介作用

由图 8－4 可以看出，跨地区经营战略在经营环境差异对跨地区经营绩效的影响中具有中介作用，影响机理是经营环境差异—跨地区经营战略—跨地区经营绩效。本书运用中介变量检验方法检验 H4a～H4e。在现有研究中，中介变量的检验方法有多种，具体参见温忠麟等（2004）对中介变量检验方法的综述和比较。为使中介变量检验的第一、第二类错误概率都较小，既可以检验部分中介效应，又可以检验完全中介效应，温忠麟等（2004）在现有检验方法的基础上提出了一种较为实用的检验程序。本书对于中介变量的检验遵循温忠麟等（2004）提出的检验程序。

具体而言，为检验经营环境差异（I）→跨地区经营战略（S）→跨地区经营绩效（P）需要进行以下三个回归（为使公式写作方便，用 I 表示经营环境差异、S 表示跨地区经营战略、P 表示跨地区经营绩效）：

$$P = a_0 + a_1 \times I + a_2 \times control\_\ variables + \varepsilon_1 \tag{8-1}$$

$$S = b_0 + b_1 \times I + b_2 \times control\_\ variables + \varepsilon_2 \tag{8-2}$$

$$P = c_0 + c_1 \times I + c_2 \times S + c_3 \times control\_\ variables + \varepsilon_3 \tag{8-3}$$

方程（8－1）是自变量（经营环境差异）与因变量（跨地区经营绩效）进行回归，方程（8－2）是自变量与中介变量（跨地区经营战略）进行回归，方程（8－3）是自变量和中介变量与因变量进行回归。通过这三个回归的分析结果，可以得到方程（8－1）、方程（8－2）和方程（8－3）的回归系数和回归系数标准误的估计值。

按照温忠麟等（2004）提出的中介变量检验程序，在进行中介变量检验时，需要遵循以下几个步骤：

（1）检验系数a_1，如果显著，继续第2步，否则中介作用不显著。

（2）依次检验系数b_1和c_2，如果都显著，意味着经营环境差异对跨地区经营绩效的影响至少有一部分通过跨地区经营战略实现，则继续第3步，以判断是部分中介还是完全中介。如果b_1和c_2至少有一个不显著，则转到第4步。

（3）检验系数c_1，如果不显著，说明是完全中介作用，即经营环境差异对跨地区经营绩效的影响全部通过跨地区经营战略实现。如果显著，说明是部分中介作用，即经营环境差异对跨地区经营绩效的影响只有一部分通过跨地区经营战略实现。检验结束。

（4）做Sobel检验，如果显著，意味着中介效应显著，否则中介效应不显著。检验结束［Sobel检验的统计量是$Z=\hat{b_1}\hat{c_2}/\sqrt{\hat{b_1}^2S_{c_2}^2+\hat{c_2}^2S_{b_1}^2}$，其中，$\hat{b_1}$和$\hat{c_2}$分别是$b_1$和$c_2$的估计值，$S_{b_1}$和$S_{c_2}$分别是$b_1$和$c_2$估计值的标准误，显著性水平0.05对应$|Z|$的临界值为0.97（温忠麟等，2004）］。

按照上述中介作用的检验步骤，需要进行三次回归来检验跨地区经营战略是否在经营环境差异对跨地区经营绩效的影响中有中介作用：①跨地区经营绩效为因变量，经营环境差异为自变量进行回归；②跨地区经营战略为因变量，经营环境差异为自变量进行回归；③跨地区经营绩效为因变量，经营环境差异和跨地区经营战略为自变量进行回归。上述三个回归中均包含控制变量。通过上述三个回归的估计结果可以检验跨地区经营战略是否有中介作用。

回归（8－1）的结果如表8－1和表8－2所示，回归（8－2）的结果如表8－3所示，回归（8－3）的结果如表8－5和表8－6所示。

表8－5　跨地区经营战略的中介作用检验（市场份额）

变量	（1）	（2）	（3）	（4）	（5）
企业规模	－0.047	－0.027	－0.040	－0.036	－0.044
	（－0.599）	（－0.365）	（－0.516）	（－0.464）	（－0.584）

续表

变量	(1)	(2)	(3)	(4)	(5)
企业年龄	0.009	0.008	0.007	0.009	0.009
	(0.851)	(0.768)	(0.687)	(0.871)	(0.812)
目标市场规模	-3.615***	-3.632***	-3.592***	-3.587***	-3.610***
	(-15.210)	(-15.080)	(-15.233)	(-15.240)	(-15.117)
地理距离	-0.001***	-0.001***	-0.001***	-0.001***	-0.001***
	(-10.417)	(-10.654)	(-10.479)	(-10.518)	(-10.738)
市场分割程度	-1180.790***	-1180.392***	-1160.990***	-1154.799***	-1143.730***
	(-3.226)	(-3.220)	(-3.166)	(-3.149)	(-3.117)
年份哑变量	控制	控制	控制	控制	控制
跨地区经营战略	0.517***	0.522***	0.523***	0.522***	0.524***
	(16.540)	(16.758)	(16.775)	(16.751)	(16.794)
文化差异	-0.192***				
	(-6.193)				
经济差异		-0.044***			
		(-4.643)			
金融差异			-0.025***		
			(-4.822)		
行政差异				0.033***	
				(-4.595)	
创新差异					-0.027***
					(-3.226)
常数项	37.324***	37.313***	36.978***	36.910***	37.090***
	(14.535)	(14.440)	(14.575)	(14.579)	(14.464)
R^2	0.350	0.349	0.348	0.348	0.348
Adjust R^2	0.348	0.347	0.347	0.347	0.347
F	64.715	66.091	65.057	65.656	66.625
N	7826	7826	7826	7826	7826

注：* 表示 $p<0.10$，** 表示 $p<0.05$，*** 表示 $p<0.01$，双尾检验。采用的是异方差稳健性 t 统计量。

如表8－5所示，在包含中介变量的回归模型中，文化差异、经济差异、金融差异、行政差异和创新差异对企业在目标市场的市场份额均有显著的负向影响。进一步地，以目标市场营业收入占企业营业总收入的比重进行稳健性检验，回归分析结果如表8－6所示。

表8－6　跨地区经营战略的中介作用检验（营业收入比重）

变量	(1)	(2)	(3)	(4)	(5)
企业规模	-6.905***	-7.048***	-6.987***	-6.866***	-6.955***
	(-30.763)	(-30.597)	(-30.807)	(-29.984)	(-30.611)
企业年龄	-0.063*	-0.040	-0.054	-0.058	-0.056
	(-1.780)	(-1.100)	(-1.469)	(-1.601)	(-1.518)
目标市场规模	0.133	0.253	0.305	0.334	0.211
	(0.509)	(0.958)	(1.167)	(1.276)	(0.801)
地理距离	-0.006***	-0.007***	-0.007***	-0.007***	-0.007***
	(-22.490)	(-23.901)	(-23.621)	(-23.576)	(-23.627)
市场分割程度	153.938	250.821	285.058	333.877	378.730
	(0.269)	(0.434)	(0.494)	(0.578)	(0.654)
年份哑变量	控制	控制	控制	控制	控制
跨地区经营战略	1.889***	1.951***	1.945***	1.930***	1.944***
	(20.847)	(21.157)	(21.153)	(21.022)	(21.154)
文化差异	-1.403***				
	(-14.547)				
经济差异		-0.059**			
		(-1.991)			
金融差异			-0.088***		
			(-4.553)		
行政差异				-0.209***	
				(-7.105)	
创新差异					-0.136***
					(-5.247)

续表

变量	(1)	(2)	(3)	(4)	(5)
常数项	31.533***	28.711***	28.539***	28.452***	29.301***
	(10.482)	(9.479)	(9.541)	(9.534)	(9.690)
R^2	0.484	0.475	0.476	0.478	0.476
Adjust R^2	0.483	0.474	0.475	0.477	0.475
F	162.707	151.982	153.830	154.012	152.911
N	7826	7826	7826	7826	7826

注：* 表示 $p<0.10$，** 表示 $p<0.05$，*** 表示 $p<0.01$，双尾检验。采用的是异方差稳健性 t 统计量。

由表 8－6 可以看出，在包含中介变量的回归模型中，文化差异、经济差异、金融差异、行政差异和创新差异对企业在目标市场的营业收入占营业总收入的比重均有显著的负向影响。两个因变量的回归结果一致，说明结论有较强的稳健性。

依据表 8－1、表 8－2、表 8－3 和表 8－5 的回归结果，可以按照中介变量的检验步骤检验跨地区经营战略是否在经营环境差异对跨地区经营绩效（市场份额）的影响中有中介作用。中介作用检验结果如表 8－7 所示。

表 8－7　跨地区经营战略的中介作用检验结果（市场份额）

步骤	回归系数	文化差异	经济差异	金融差异	行政差异	创新差异
第一步	a_1	显著，1%	显著，1%	显著 1%	显著，1%	显著，1%
第二步	b_1	显著，1%	显著，1%	显著 1%	显著，1%	显著，1%
	c_2	显著，1%	显著，1%	显著 1%	显著，1%	显著，1%
第三步	c_1	显著，1%	显著，1%	显著 1%	显著，1%	显著，1%
检验结果		部分中介作用	部分中介作用	部分中介作用	部分中介作用	部分中介作用

表 8－7 表明，第一步是检验 a_1 的显著性，回归结果如表 8－1 和表 8－2 所示。结果显示，各个经营环境维度的回归结果均是显著的，因此步骤（1）

通过，进行下一步的检验。第二步是检验b_1和c_2的显著性，回归结果如表8－3和表8－5所示。结果表明b_1和c_2都是显著的，说明经营环境差异对跨地区经营绩效的影响至少有一部分是通过跨地区经营战略实现的，则继续第三步，以判断是部分中介作用还是完全中介作用。第三步是检验c_1是否显著，回归结果如表8－5所示，表明在经营环境差异的各个维度的回归模型估计结果中c_1都是显著的，显著性水平为1%。这表明跨地区经营战略在经营环境差异对跨地区经营绩效的影响中有部分中介作用，中介作用检验结束。

为进一步检验上述分析结果的稳健性，以目标市场营业收入占企业营业总收入的比重作为跨地区经营绩效的度量指标，再次进行方程（8－3）的回归，回归结果如表8－6所示。然后，基于表8－1、表8－2、表8－3和表8－6的回归结果进一步检验跨地区经营战略是否在经营环境差异对跨地区经营绩效的影响中有中介作用，以及是部分中介作用还是完全中介作用。以营业收入比重为因变量的中介作用的检验结果如表8－8所示。

表8－8　跨地区经营战略的中介作用检验结果（营业收入比重）

步骤	回归系数	文化差异	经济差异	金融差异	行政差异	创新差异
第一步	a_1	显著，1%	显著，1%	显著，1%	显著，1%	显著，1%
第二步	b_1	显著，1%	显著，1%	显著，1%	显著，1%	显著，1%
	c_2	显著，1%	显著，1%	显著，1%	显著，1%	显著，1%
第三步	c_1	显著，1%	显著，1%	显著，1%	显著，1%	显著，1%
检验结果		部分中介作用	部分中介作用	部分中介作用	部分中介作用	部分中介作用

表8－8表明，经营环境差异各个维度的检验结果与表8－7一致，即跨地区经营战略在各个维度的经营环境差异对跨地区经营绩效的影响中有部分中介作用。这充分说明无论使用跨地区经营绩效的哪种度量方式，跨地区经营战略均在经营环境差异对跨地区经营绩效的影响中有部分中介作用，即H4a～H4e得到了部分支持，说明经营环境差异对跨地区经营绩效

既有直接影响，又通过跨地区经营战略有间接影响。

五、经营环境相对发展水平在经营环境差异对跨地区经营战略影响中的调节作用检验

本书假设经营环境相对发展水平在经济、金融、行政和创新差异对企业跨地区经营战略的影响中有调节作用（H5a ~ H5d），如图 8 - 5 所示。

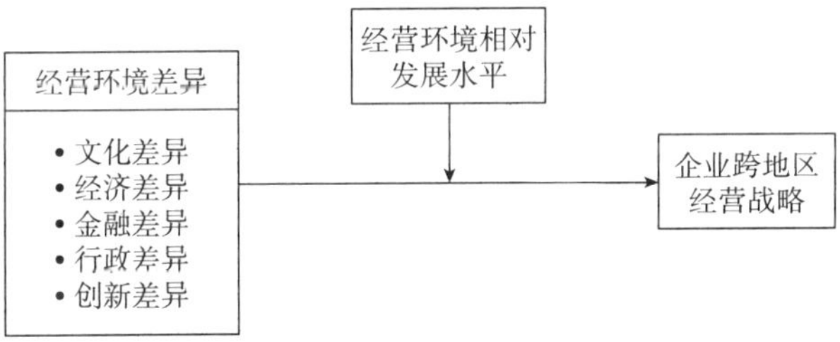

图 8 - 5　经营环境相对发展水平在经营环境差异对跨地区经营战略影响中的调节作用

由图 8 - 5 可以看出，经营环境相对发展水平在经济差异、金融差异、行政差异和创新差异对企业跨地区经营战略的影响中具有调节作用，即经营环境发展水平高时，各维度经营环境差异对企业跨地区经营战略的负向影响更大。为检验上述调节作用假设，需要构造交互项，即经营环境相对发展水平与各个经营环境差异维度的乘积项。为控制引入乘积项可能导致的多重共线性，本书使用中心化方法对相关变量进行处理（陈晓萍等，2008）。首先，对经营环境差异进行中心化处理，并用中心化以后的经营环境差异与相应的经营环境相对发展水平相乘，得到交叉项。其次，

把一次项和交叉项放入回归模型中进行回归分析，分析结果如表8-9所示。

表8-9 经营环境相对发展水平在经营环境差异对跨地区经营战略影响中的调节作用检验

变量	(1)	(2)	(3)	(4)
企业规模	0.274***	0.263***	0.282***	0.249***
	(14.296)	(14.282)	(14.842)	(13.758)
企业年龄	-0.003	-0.004	-0.004	-0.004
	(-1.022)	(-1.299)	(-1.363)	(-1.419)
目标市场规模	0.321***	0.316***	0.303***	0.343***
	(12.336)	(12.008)	(12.132)	(13.091)
地理距离	-0.001***	-0.001***	-0.001***	-0.001***
	(-23.768)	(-25.451)	(-25.165)	(-23.893)
市场分割程度	-54.950	-15.748	-15.616	-8.769
	(-1.065)	(-0.314)	(-0.316)	(-0.171)
年份哑变量	控制	控制	控制	控制
经济相对发展水平	0.343***			
	(9.982)			
经济差异	0.021***			
	(5.069)			
经济相对发展水平*经济差异	-0.075***			
	(-13.276)			
金融相对发展水平		0.413***		
		(13.070)		
金融差异		0.017***		
		(6.699)		
金融相对发展水平*金融差异		-0.045***		
		(-12.704)		
行政相对发展水平			0.356***	
			(11.969)	

续表

变量	(1)	(2)	(3)	(4)
行政差异			0.014***	
			(4.100)	
行政相对发展水平*行政差异			-0.061***	
			(-12.515)	
创新相对发展水平				0.439***
				(14.934)
创新差异				0.020***
				(6.369)
创新相对发展水平*创新差异				-0.057***
				(-11.940)
常数项	-2.286***	-2.197***	-2.053***	-2.480***
	(-8.078)	(-7.727)	(-7.685)	(-8.719)
Pseudo R^2	0.208	0.207	0.210	0.208
Chi2	1203.874	1264.001	1232.480	1264.424
N	7826	7826	7826	7826

注：*表示 $p<0.10$，**表示 $p<0.05$，***表示 $p<0.01$，双尾检验。采用的是异方差稳健性t统计量。

表8-9表明，各个模型的F检验均在1%的水平上显著。另外，从 R^2 来看，自变量对因变量的解释程度达到21%左右，解释程度较高。从交叉项的回归结果来看，经济、金融、行政和创新差异与相应的经营环境相对发展水平的乘积项的回归系数均在1%的显著性水平上显著，说明经营环境相对发展水平在经营环境差异对跨地区经营战略的影响中有调节作用，即H5a~H5d得到了支持。

为进一步解释回归结果，以经济差异的回归结果为例进行详细分析。表8-9模型（1）是经济相对发展水平在经济差异对跨地区经营战略的影响中的调节作用的回归结果。从回归结果来看，经济相对发展水平（EI）、经济差异（ED）和跨地区经营战略（S）的关系如下：

$$S = 0.343 \times EI + 0.021 \times ED - 0.075 \times EI \times (ED - 4.533) + a \quad (8-4)$$

式中，a 包含了控制变量和模型中常数项，与 EI 和 ED 无关；交互项是（$ED-4.533$）与 EI 相乘，原因在于构造交互项时使用的是中心化后的经济差异，其中4.533是经济差异的均值。

展开方程（8-4）可以得到：

$$S = 0.683 \times EI + 0.021ED - 0.075 \times EI \times ED + a \quad (8-5)$$

当经济相对发展水平为高（$EI=1$）和低（$EI=0$）时，经济差异对跨地区经营战略的影响分别如下：

$$S = -0.054 \times ED + 0.683 + a \quad (8-6)$$

$$S = 0.021 \times ED + a \quad (8-7)$$

从式（8-6）和式（8-7）可以看出，当经济相对发展水平高时，经济差异对跨地区经营战略有负向影响，而当经济相对发展水平低时，经济差异对跨地区经营战略有正向影响，即经济相对发展水平在经济差异对跨地区经营战略的影响中有调节作用。式（8-6）和式（8-7）可以用图形表示出来，如图8-6所示。

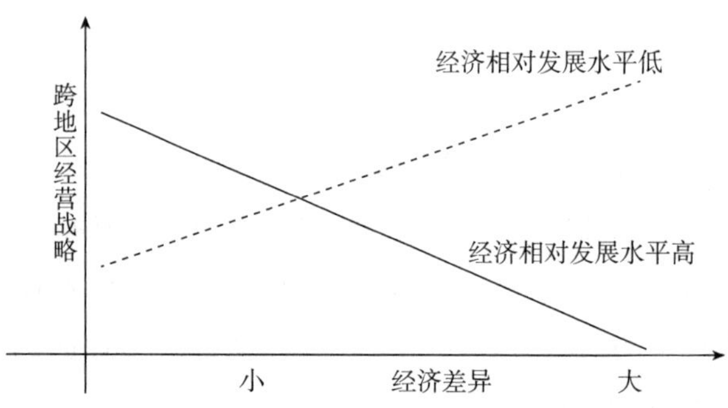

图8-6　经济相对发展水平在经济差异对跨地区经营战略影响中的调节作用

图8-6形象地展示了经济相对发展水平在经济差异对跨地区经营战略影响中的调节作用。具体而言，当经济相对发展水平高时，经济差异对企业国内跨地区经营战略有负向影响；当经济相对发展水平低时，经济差

异对企业国内跨地区经营战略有正向影响。这充分说明经济差异对跨地区经营战略的影响与经济相对发展水平有关。

六、经营环境相对发展水平在经营环境差异对跨地区经营绩效影响中的调节作用检验

本书假设经营环境相对发展水平在经济、金融、行政和创新差异对跨地区经营绩效的影响中有调节作用（H6a ~ H6d），如图 8 -7 所示。

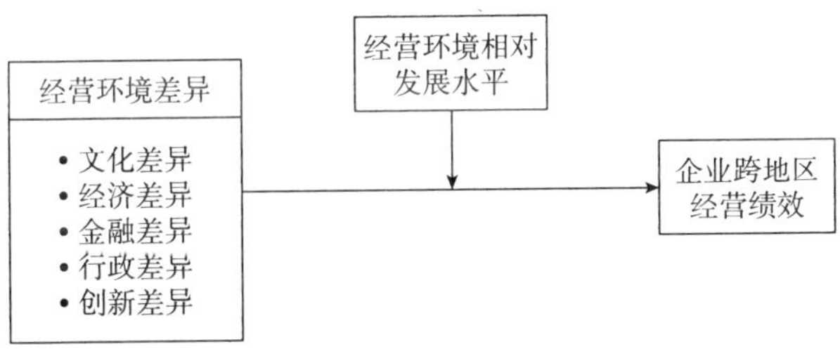

图 8 -7　经营环境相对发展水平在经营环境差异对跨地区经营绩效影响中的调节作用

图 8 -7 表明，经营环境相对发展水平在经济差异、金融差异、行政差异和创新差异对企业跨地区经营绩效的影响中有调节作用。当经营环境发展水平高时，各维度经营环境差异对企业跨地区经营绩效的负向影响更大。为检验上述研究假设，首先对各个维度的经营环境差异进行中心化处理，然后构造相应的交互项，之后把相应的一次项和交叉项放入回归模型进行回归分析。为检验研究结论的稳健性，采用跨地区经营绩效的两种度量方法分别进行回归。

以企业在目标市场的市场份额为因变量的回归结果如表 8 -10 所示，

以目标市场营业收入占企业营业总收入的比重为因变量的回归结果如表8－11所示。从表8－10和表8－11的回归结果可以看出，除了以市场份额为因变量的模型中创新相对发展水平与创新差异的交互项不显著外，其他所有的交互项均显著，并且回归系数为负。这总体上说明各个维度的经营环境相对发展水平在相应的经营环境差异对跨地区经营绩效的影响中有调节作用。因此，H6a～H6d得到了支持。

表8－10　经营环境相对发展水平在经营环境差异对跨地区经营绩效影响中的调节作用检验（市场份额）

变量	(1)	(2)	(3)	(4)
企业规模	0.276***	0.235***	0.243***	0.206***
	(3.594)	(2.866)	(2.934)	(2.613)
企业年龄	0.012	0.017	0.019	0.013
	(0.965)	(1.392)	(1.607)	(1.049)
目标市场规模	－2.886***	－2.910***	－2.926***	－2.827***
	(－11.433)	(－12.248)	(－12.439)	(－11.424)
地理距离	－0.002***	－0.002***	－0.002***	－0.002***
	(－16.305)	(－16.768)	(－16.531)	(－16.341)
市场分割程度	－918.260**	－732.665*	－627.523	－708.711*
	(－2.334)	(－1.893)	(－1.612)	(－1.780)
年份哑变量	控制	控制	控制	控制
经济相对发展水平	1.374***			
	(14.695)			
经济差异	－0.069***			
	(－7.073)			
经济相对发展水平＊经济差异	－0.032*			
	(－1.880)			
金融相对发展水平		1.858***		
		(16.088)		
金融差异		－0.035***		
		(－4.992)		

续表

变量	(1)	(2)	(3)	(4)
金融相对发展水平 * 金融差异		-0.021 *		
		(-1.787)		
行政相对发展水平			1.897 ***	
			(16.953)	
行政差异			-0.064 ***	
			(-7.134)	
行政相对发展水平 * 行政差异			-0.037 **	
			(-2.248)	
创新相对发展水平				1.530 ***
				(15.971)
创新差异				-0.065 ***
				(-6.419)
创新相对发展水平 * 创新差异				0.007
				(0.460)
常数项	31.319 ***	31.238 ***	31.341 ***	30.819 ***
	(11.379)	(12.023)	(12.362)	(11.369)
R^2	0.180	0.187	0.189	0.179
Adjust R^2	0.178	0.185	0.188	0.178
F	84.357	77.991	79.626	83.608
N	7826	7826	7826	7826

注：* 表示 $p<0.10$，** 表示 $p<0.05$，*** 表示 $p<0.01$，双尾检验。采用的是异方差稳健性 t 统计量。

表 8-11 经营环境相对发展水平在经营环境差异对跨地区经营绩效影响中的调节作用检验（营业收入比重）

变量	(1)	(2)	(3)	(4)
企业规模	-5.079 ***	-5.040 ***	-4.880 ***	-5.232 ***
	(-19.598)	(-19.962)	(-19.334)	(-20.426)

续表

变量	(1)	(2)	(3)	(4)
企业年龄	-0.047	-0.101**	-0.079*	-0.107**
	(-1.068)	(-2.268)	(-1.797)	(-2.404)
目标市场规模	2.813***	2.723***	2.460***	3.117***
	(8.586)	(9.089)	(8.178)	(9.669)
地理距离	-0.010***	-0.011***	-0.010***	-0.010***
	(-32.191)	(-33.148)	(-32.557)	(-32.029)
市场分割程度	427.207	917.852	386.492	287.033
	(0.646)	(1.407)	(0.594)	(0.435)
年份控制变量	控制	控制	控制	控制
经济相对发展水平	4.430***			
	(9.829)			
经济差异	0.654***			
	(11.292)			
经济相对发展水平 *	-1.392***			
经济差异	(-19.654)			
金融相对发展水平		5.077***		
		(12.366)		
金融差异		0.438***		
		(12.086)		
金融相对发展水平 *		-1.004***		
金融差异		(-20.902)		
行政相对发展水平			4.259***	
			(10.104)	
行政差异			0.438***	
			(8.083)	
行政相对发展水平 *			-1.340***	
行政差异			(-19.291)	
创新相对发展水平				5.042***
				(11.176)

续表

变量	(1)	(2)	(3)	(4)
创新差异				0.507***
				(10.801)
创新相对发展水平*创新差异				−1.228***
				(−19.674)
常数项	3.154	5.007	8.113**	1.421
	(0.853)	(1.476)	(2.402)	(0.390)
R^2	0.296	0.304	0.306	0.301
Adjust R^2	0.295	0.303	0.305	0.299
F	129.229	123.629	125.944	124.225
N	7826	7826	7826	7826

注：* 表示 $p<0.10$，** 表示 $p<0.05$，*** 表示 $p<0.01$，双尾检验。采用的是异方差稳健性 t 统计量。

为进一步分析上述调节作用，以表 8－11 中模型（1）的分析结果为例进行分析。表 8－11 中模型（1）的回归结果表明经济相对发展水平（EI）、经济差异（ED）和跨地区经营绩效（P）的关系如下：

$$P=4.430\times EI+0.654\times ED-1.392\times EI\times(ED-4.533)+a \quad (8-8)$$

式中，a 包含了控制变量和模型中常数项，与 EI 和 ED 无关；交互项是（$ED-4.533$）与 EI 相乘，原因在于构造交互项时使用的是中心化后的经济差异，其中，4.533 是经济差异的均值。展开式（8－8）可以得到：

$$P=10.740\times EI+0.654\times ED-1.392\times EI\times ED+a \quad (8-9)$$

根据式（8－9）可以得到经济相对发展水平高（$EI=1$）和经济相对发展水平低（$EI=0$）时经济差异与跨地区经营绩效的关系，分别如下：

$$P=-0.738\times ED+10.740+a \quad (8-10)$$

$$P=0.654ED+a \quad (8-11)$$

从式（8－10）和式（8－11）可以看出，当经济相对发展水平高时，经济差异对跨地区经营绩效有负向影响，当经济相对发展水平低时，经济差异对跨地区经营绩效有正向影响，说明经济相对发展水平在经济差异对跨地区经营绩效的影响中有调节作用。

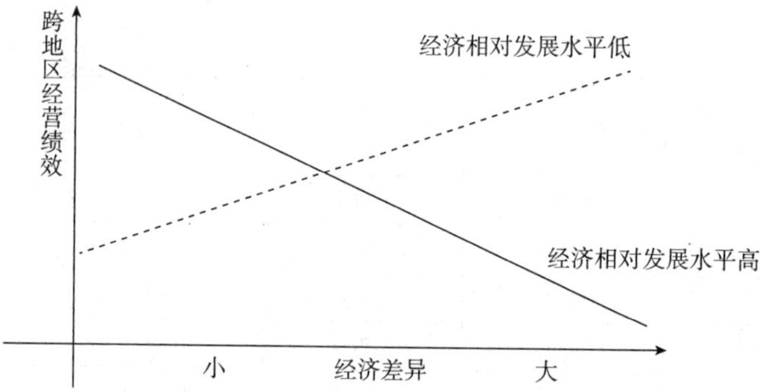

图 8－8　经济相对发展水平在经济差异对跨地区经营绩效影响中的调节作用

进一步把经济相对发展水平的调节作用用图 8－8 表示出来。当经济相对发展水平低时，直线的斜率为正，即随着经济差异加大，企业跨地区经营绩效不断提升；当经济相对发展水平高时，直线的斜率为负，即随着经济差异不断加大，企业跨地区经营绩效呈下降趋势。图 8－8 形象地说明了在不同经济相对发展水平下，经济差异对跨地区经营绩效的影响方向不一样，即经济相对发展水平对经济差异与跨地区经营绩效的关系有调节作用。

七、跨地区经营经验在经营环境差异对跨地区经营战略影响中的调节作用检验

本书假设跨地区经营经验在经营环境差异对跨地区经营战略的影响中有调节作用（H7a～H7e），如图 8－9 所示。

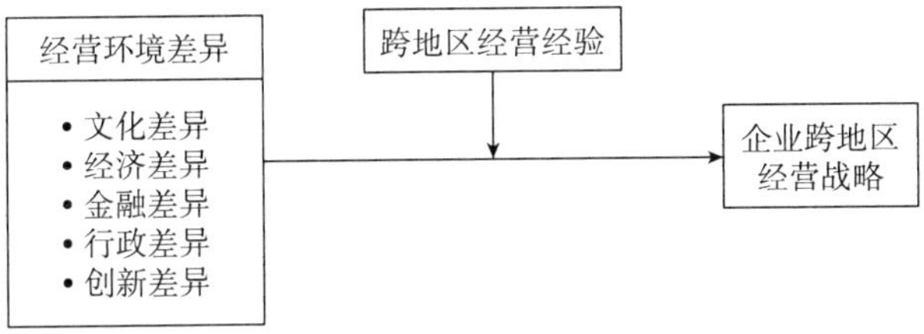

图 8-9　跨地区经营经验在经营环境差异对跨地区经营战略影响中的调节作用

图 8-9 表明，企业跨地区经营经验越丰富，经营环境差异对企业跨地区经营战略的负向影响越小。为检验上述假设，首先对跨地区经营经验和经营环境差异进行中心化处理，然后构造相应的交叉变量，并进行回归分析。回归分析的结果如表 8-12 所示。

表 8-12　跨地区经营经验在经营环境差异对跨地区经营战略影响中的调节作用检验

变量	(1)	(2)	(3)	(4)	(5)
企业规模	0.163***	0.179***	0.171***	0.178***	0.172***
	(7.340)	(7.657)	(7.467)	(7.701)	(7.507)
企业年龄	-0.003	-0.003	-0.004	-0.004	-0.003
	(-1.071)	(-0.950)	(-1.153)	(-1.261)	(1.027)
目标市场规模	0.282***	0.284***	0.309***	0.313***	0.300***
	(11.303)	(10.942)	(11.496)	(11.862)	(11.377)
地理距离	-0.001***	-0.001***	-0.001***	-0.001***	-0.001***
	(-21.527)	(-26.003)	(-26.262)	(-26.888)	(-25.924)
市场分割程度	-40.222	-64.563	-32.689	-33.399	-13.704
	(-0.811)	(-1.267)	(-0.644)	(-0.665)	(-0.272)
年份哑变量	控制	控制	控制	控制	控制
跨地区经营经验	0.023***	0.018***	0.017***	0.020***	0.018***
	(7.642)	(5.549)	(5.067)	(5.929)	(5.377)
文化差异	-0.232***				
	(-20.503)				

续表

变量	(1)	(2)	(3)	(4)	(5)
文化差异 *	0.007 ***				
跨地区经营经验	(5.432)				
经济差异		-0.038 ***			
		(-13.269)			
经济差异 *		0.000			
跨地区经营经验		(1.245)			
金融差异			-0.021 ***		
			(-11.465)		
金融差异 *			0.001 ***		
跨地区经营经验			(2.952)		
行政差异				-0.039 ***	
				(-15.338)	
行政差异 *				0.001 ***	
跨地区经营经验				(2.774)	
创新差异					-0.030 ***
					(-12.779)
创新差异 *					0.001 ***
跨地区经营经验					(3.846)
常数项	-1.215 ***	-1.291 ***	-1.495 ***	-1.549 ***	-1.442 ***
	(-4.692)	(-4.764)	(-5.331)	(-5.630)	(-5.240)
Pseudo R^2	0.214	0.192	0.189	0.197	0.190
Chi2	1357.443	1195.388	1286.404	1332.188	1281.891
N	7826	7826	7826	7826	7826

注：* 表示 $p<0.10$，** 表示 $p<0.05$，*** 表示 $p<0.01$，双尾检验。采用的是异方差稳健性 t 统计量。

由表 8-12 可以看出，文化差异、金融差异、行政差异和创新差异与跨地区经营经验的交互项显著为正，显著性水平为 1%，但经济差异与跨地区经营经验的交互项不显著，说明 H7a、H7c、H7d、H7e 得到了支持，

H7b 没有得到支持。H7b 没有得到支持的原因在于不同经营环境差异维度有不同的隐性程度，其中经济差异的隐性程度最低。跨地区经营经验对克服隐性程度高的经营环境维度差异带来障碍的作用较大，而对克服隐性程度低的经济差异带来的跨地区经营障碍的作用相对较小。

表 8-12 还表明，跨地区经营经验对跨地区经营战略有显著的正向影响，显著性水平为 1%。这是因为跨地区经营经验越丰富，企业越能有效地克服跨地区经营面临的障碍，越倾向于采用跨地区经营战略在地理范围上进行扩张。

八、跨地区经营经验在经营环境差异对跨地区经营绩效影响中的调节作用检验

本书假设跨地区经营经验在经营环境差异对跨地区经营绩效的影响中有调节作用（H8a ~ H8c），如图 8-10 所示。

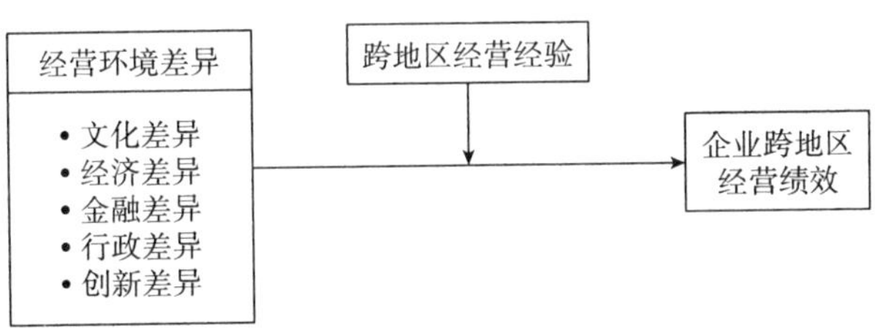

图 8-10 跨地区经营经验在经营环境差异对跨地区经营绩效影响中的调节作用

图 8-10 表明，企业国内跨地区经营经验越丰富，文化差异、经济差异、金融差异、行政差异和创新差异对企业国内跨地区经营绩效的负向影响越小。这是因为跨地区经营经验越丰富，企业越能理解各个地区经营环

境对企业在当地开展经营的要求，有越多的与位于不同经营环境的利益相关者打交道的经验，越容易取得跨地区经营成功。为检验 H8a ~ H8e，需要引进跨地区经营经验和经营环境差异的交互项，为避免由此可能导致的多重共线性，首先对跨地区经营经验和经营环境差异进行中心化处理，并基于中心化处理后的变量构造交叉项，然后进行回归分析。

企业跨地区经营绩效有两种度量方法，分别是目标市场的市场份额和目标市场营业收入占企业营业总收入的比重。为检验回归结果的稳健性，在分析时同时针对两种不同的度量方法进行回归，并比较回归结果的一致性。当跨地区经营绩效采用市场份额来度量时，回归结果如表 8 - 13 所示；当跨地区经营绩效采用目标市场的营业收入占营业总收入的比重来度量时，回归结果如表 8 - 14 所示。

从表 8 - 13 和表 8 - 14 的回归结果来看，跨地区经营经验和经营环境差异的交互项均为正，并且均在 1% 的显著性水平上显著，说明跨地区经营经验的确在经营环境差异对跨地区经营绩效的影响中有调节作用，即企业跨地区经营经验越丰富，经营环境差异对企业跨地区经营绩效的负向影响越小，这说明 H8a ~ H8e 得到了数据支持。表 8 - 13 和表 8 - 14 中控制变量的回归结果与表 8 - 1 和表 8 - 2 类似，由于前文已经做出解释，这里不再赘述。

值得指出的是，在所有的回归结果中，地理距离的回归结果均显著为负，说明即使在交通和运输极为发达的今天，地理距离仍然是企业跨地区经营的主要障碍之一。另外，市场分割的回归系数总体上也显著为负，说明地区市场分割和地方保护的确加大了企业跨地区经营成本，损害了企业跨地区经营绩效。

表 8 - 13　跨地区经营经验在经营环境差异对跨地区经营绩效影响中的调节作用检验（市场份额）

变量	(1)	(2)	(3)	(4)	(5)
企业规模	0.231**	0.279***	0.288***	0.277***	0.276***
	(2.459)	(2.971)	(3.054)	(2.942)	(2.945)

续表

变量	(1)	(2)	(3)	(4)	(5)
企业年龄	0.004	0.001	0.010	0.005	0.011
	(0.360)	(0.046)	(0.854)	(0.407)	(0.955)
目标市场规模	-3.037***	-3.002***	-3.029***	-3.010***	-2.969***
	(-12.299)	(-11.996)	(-12.302)	(-12.279)	(-11.981)
地理距离	-0.002***	-0.002***	-0.002***	-0.002***	-0.002***
	(-17.059)	(-17.925)	(-17.878)	(-17.900)	(-18.004)
市场分割程度	-1148.149***	-1063.993***	-1039.431***	-904.545**	-821.429**
	(-2.977)	(-2.741)	(-2.692)	(-2.352)	(-2.121)
年份哑变量	控制	控制	控制	控制	控制
跨地区经营经验	0.018	0.003	-0.006	0.001	-0.004
	(1.480)	(0.214)	(-0.431)	(0.041)	(-0.341)
文化差异	-0.532***				
	(-14.671)				
文化差异*跨地区经营经验	0.048***				
	(11.816)				
经济差异		-0.122***			
		(-11.570)			
经济差异*跨地区经营经验		0.015***			
		(12.299)			
金融差异			-0.065***		
			(-10.689)		
金融差异*跨地区经营经验			0.012***		
			(13.291)		
行政差异				-0.112***	
				(-12.521)	
行政差异*跨地区经营经验				0.017***	
				(13.118)	
创新差异					-0.081***
					(-8.726)

续表

变量	(1)	(2)	(3)	(4)	(5)
创新差异 *					0.016 ***
跨地区经营经验					(13.997)
常数项	34.242 ***	33.775 ***	34.016 ***	33.831 ***	33.226 ***
	(12.644)	(12.367)	(12.627)	(12.617)	(12.281)
R^2	0.189	0.183	0.184	0.187	0.184
Adjust R^2	0.187	0.181	0.182	0.185	0.182
F	73.611	72.178	75.151	75.048	75.353
N	7826	7826	7826	7826	7826

注：* 表示 $p<0.10$，** 表示 $p<0.05$，*** 表示 $p<0.01$，双尾检验。采用的是异方差稳健性 t 统计量。

表 8-14 跨地区经营经验在经营环境差异对跨地区经营绩效影响中的调节作用检验（营业收入比重）

变量	(1)	(2)	(3)	(4)	(5)
企业规模	-2.530 ***	-2.447 ***	-2.354 ***	-2.357 ***	-2.375 ***
	(-8.258)	(-7.694)	(-7.433)	(-7.442)	(-7.492)
企业年龄	-0.128 ***	-0.111 ***	-0.088 **	-0.113 ***	-0.084 *
	(-3.115)	(-2.613)	(-2.024)	(-2.671)	(-1.953)
目标市场规模	1.111 ***	1.393 ***	1.067 ***	1.137 ***	1.320 ***
	(3.683)	(4.511)	(3.463)	(3.690)	(4.295)
地理距离	-0.008 ***	-0.010 ***	-0.011 ***	-0.010 ***	-0.010 ***
	(-28.645)	(-32.556)	(-32.464)	(-32.496)	(-32.287)
市场分割程度	-886.493	-643.864	-757.882	-265.450	114.180
	(-1.414)	(-0.993)	(-1.168)	(-0.405)	(0.174)
年份哑变量	控制	控制	控制	控制	控制
跨地区经营经验	-0.674 ***	-0.762 ***	-0.755 ***	-0.732 ***	-0.762 ***
	(-17.755)	(-18.608)	(-18.509)	(-18.055)	(-18.656)
文化差异	-2.546 ***				
	(-20.684)				

续表

变量	(1)	(2)	(3)	(4)	(5)
文化差异 * 跨地区经营经验	0.280***				
	(17.758)				
经济差异		-0.261***			
		(-7.005)			
经济差异 * 跨地区经营经验		0.062***			
		(13.290)			
金融差异			-0.185***		
			(-7.840)		
金融差异 * 跨地区经营经验			0.039***		
			(12.124)		
行政差异				-0.388***	
				(-10.634)	
行政差异 * 跨地区经营经验				0.056***	
				(11.930)	
创新差异					-0.261***
					(-8.438)
创新差异 * 跨地区经营经验					0.060***
					(14.109)
常数项	32.389***	28.858***	31.779***	31.257***	28.736***
	(9.543)	(8.360)	(9.122)	(9.010)	(8.338)
R^2	0.345	0.308	0.305	0.311	0.311
Adjust R^2	0.343	0.306	0.304	0.310	0.309
F	148.451	134.589	127.598	130.333	132.908
N	7826	7826	7826	7826	7826

注：* 表示 $p<0.10$，** 表示 $p<0.05$，*** 表示 $p<0.01$，双尾检验。采用的是异方差稳健性 t 统计量。

为更详细地解释跨地区经营经验的调节作用，以表 8-13 模型（1）的回归结果为例进行分析。表 8-13 模型（1）回归结果表明跨地区经营经验（E）、文化差异（CD）和跨地区经营绩效（P）的关系如下：

$$P = 0.018 \times E - 0.532 \times CD + 0.048 \times (E - 12.655) \times (CD - 1.876) + a \tag{8-12}$$

式中，a 包含了控制变量和模型中常数项，与 E 和 CD 无关；交互项是$(E-12.655)$和（$CD-1.876$），其中，12.655 和 1.876 分别是跨地区经营经验和文化差异的均值。展开式（8－12）可以得到：

$$P = -0.072 \times E - 1.139 \times CD + 0.048 \times E \times CD + a \tag{8-13}$$

当跨地区经营经验高（mean＋1sd，$E = 20.465$）和低（mean－1sd，$E = 4.845$）时，文化差异对跨地区经营绩效的影响如下：

$$P = -0.157 \times CD - 1.473 + a \tag{8-14}$$

$$P = -0.906 \times CD - 0.349 + a \tag{8-15}$$

从式（8－14）和式（8－15）可以看出，无论跨地区经营经验高还是低，文化差异对跨地区经营绩效均有负向影响，不过跨地区经营经验高时文化差异的负向影响力度小于跨地区经营经验低时的影响力度。式（8－14）和式(8－15)可以用图 8－11 来表示。

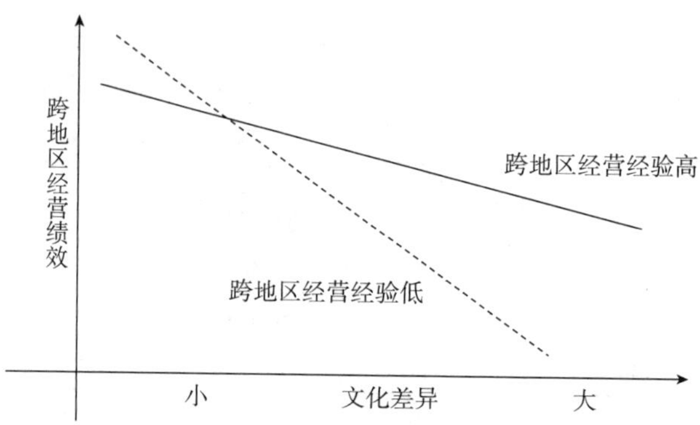

图 8－11　跨地区经营经验在文化差异对跨地区经营绩效影响中的调节作用

图 8－11 形象地揭示出跨地区经营经验在文化差异对跨地区经营绩效影响中的调节作用。具体而言，企业跨地区经营经验高时，文化差异对跨地区经营绩效的负向影响更小。

九、实证研究结果汇总

本章通过回归分析方法（OLS 和 Poisson 回归）对所有研究假设进行了实证检验，实证研究结果的汇总如表 8-15 所示。

表 8-15 实证研究结果汇总

序号	假设内容	检验结果
H1	目标市场与企业总部所在地的经营环境差异越大，企业在目标市场的跨地区经营绩效越差。	支持
H1a	目标市场与企业总部所在地的文化差异越大，企业在目标市场的跨地区经营绩效越差。	支持
H1b	目标市场与企业总部所在地的经济差异越大，企业在目标市场的跨地区经营绩效越差。	支持
H1c	目标市场与企业总部所在地的金融差异越大，企业在目标市场的跨地区经营绩效越差。	支持
H1d	目标市场与企业总部所在地的行政差异越大，企业在目标市场的跨地区经营绩效越差。	支持
H1e	目标市场与企业总部所在地的创新差异越大，企业在目标市场的跨地区经营绩效越差。	支持
H2	目标市场和企业总部所在地的经营环境差异越大，企业越不会在该地区实施跨地区经营战略。	支持
H2a	目标市场和企业总部所在地的文化差异越大，企业越不会在该地区实施跨地区经营战略。	支持
H2b	目标市场和企业总部所在地的经济差异越大，企业越不会在该地区实施跨地区经营战略。	支持
H2c	目标市场和企业总部所在地的金融差异越大，企业越不会在该地区实施跨地区经营战略。	支持

续表

序号	假设内容	检验结果
H2d	目标市场和企业总部所在地的行政差异越大，企业越不会在该地区实施跨地区经营战略。	支持
H2e	目标市场和企业总部所在地的创新差异越大，企业越不会在该地区实施跨地区经营战略。	支持
H3	企业跨地区经营战略对跨地区经营绩效有正向影响。	支持
H4	跨地区经营战略在经营环境差异对跨地区经营绩效的影响中有中介作用。	部分支持
H4a	跨地区经营战略在文化差异对跨地区经营绩效的影响中有中介作用。	部分支持
H4b	跨地区经营战略在经济差异对跨地区经营绩效的影响中有中介作用。	部分支持
H4c	跨地区经营战略在金融差异对跨地区经营绩效的影响中有中介作用。	部分支持
H4d	跨地区经营战略在行政差异对跨地区经营绩效的影响中有中介作用。	部分支持
H4e	跨地区经营战略在创新差异对跨地区经营绩效的影响中有中介作用。	部分支持
H5	经营环境相对发展水平在经营环境差异对企业跨地区经营战略的影响中有调节作用：当经营环境相对发展水平为高时，经营环境差异对跨地区经营战略的负向影响更大。	支持
H5a	经济相对发展水平在经济差异对企业跨地区经营战略的影响中有调节作用：当经济相对发展水平为高时，经济差异对跨地区经营战略的负向影响更大。	支持
H5b	金融相对发展水平在金融差异对企业跨地区经营战略的影响中有调节作用：当金融相对发展水平为高时，金融差异对跨地区经营战略的负向影响更大。	支持
H5c	行政相对发展水平在行政差异对企业跨地区经营战略的影响中有调节作用：当行政相对发展水平为高时，行政差异对跨地区经营战略的负向影响更大。	支持
H5d	创新相对发展水平在创新差异对企业跨地区经营战略的影响中有调节作用：当创新相对发展水平为高时，创新差异对跨地区经营战略的负向影响更大。	支持
H6	经营环境相对发展水平在经营环境差异对企业跨地区经营绩效的影响中有调节作用：当经营环境相对发展水平为高时，经营环境差异对跨地区经营绩效的负向影响更大。	支持
H6a	经济相对发展水平在经济差异对企业跨地区经营绩效的影响中有调节作用：当经济相对发展水平为高时，经济差异对跨地区经营绩效的负向影响更大。	支持
H6b	金融相对发展水平在金融差异对企业跨地区经营绩效的影响中有调节作用：当金融相对发展水平为高时，金融差异对跨地区经营绩效的负向影响更大。	支持

续表

序号	假设内容	检验结果
H6c	行政相对发展水平在行政差异对企业跨地区经营绩效的影响中有调节作用：当行政相对发展水平为高时，行政差异对跨地区经营绩效的负向影响更大。	支持
H6d	创新相对发展水平在创新差异对企业跨地区经营绩效的影响中有调节作用：当创新相对发展水平为高时，创新差异对跨地区经营绩效的负向影响更大。	支持
H7	跨地区经营经验在经营环境差异对跨地区经营战略的影响中有调节作用：跨地区经营经验越丰富，经营环境差异对跨地区经营战略的负向影响越小。	部分支持
H7a	跨地区经营经验在文化差异对跨地区经营战略的影响中有调节作用：跨地区经营经验越丰富，文化差异对跨地区经营战略的负向影响越小。	支持
H7b	跨地区经营经验在经济差异对跨地区经营战略的影响中有调节作用：跨地区经营经验越丰富，经济差异对跨地区经营战略的负向影响越小。	不支持
H7c	跨地区经营经验在金融差异对跨地区经营战略的影响中有调节作用：跨地区经营经验越丰富，金融差异对跨地区经营战略的负向影响越小。	支持
H7d	跨地区经营经验在行政差异对跨地区经营战略的影响中有调节作用：跨地区经营经验越丰富，行政差异对跨地区经营战略的负向影响越小。	支持
H7e	跨地区经营经验在创新差异对跨地区经营战略的影响中有调节作用：跨地区经营经验越丰富，创新差异对跨地区经营战略的负向影响越小。	支持
H8	跨地区经营经验在经营环境差异对跨地区经营绩效的影响中有调节作用：跨地区经营经验越丰富，经营环境差异对跨地区经营绩效的负向影响越小。	支持
H8a	跨地区经营经验在文化差异对跨地区经营绩效的影响中有调节作用：跨地区经营经验越丰富，文化差异对跨地区经营绩效的负向影响越小。	支持
H8b	跨地区经营经验在经济差异对跨地区经营绩效的影响中有调节作用：跨地区经营经验越丰富，经济差异对跨地区经营绩效的负向影响越小。	支持
H8c	跨地区经营经验在金融差异对跨地区经营绩效的影响中有调节作用：跨地区经营经验越丰富，金融差异对跨地区经营绩效的负向影响越小。	支持
H8d	跨地区经营经验在行政差异对跨地区经营绩效的影响中有调节作用：跨地区经营经验越丰富，行政差异对跨地区经营绩效的负向影响越小。	支持
H8e	跨地区经营经验在创新差异对跨地区经营绩效的影响中有调节作用：跨地区经营经验越丰富，创新差异对跨地区经营绩效的负向影响越小。	支持

由表8－15可以看出，本书共提出了8个大假设，34个分假设。在34个分假设中，一个假设不支持（H7b），5个假设得到了部分支持（H4a～H4e），其余假设均得到了实证数据的支持。总体上，假设得到支持的程度较高，这反映了本书的理论模型有较强的科学性和可靠性，也说明制度基础观和经营环境差异的研究视角对企业国内跨地区经营行为有很强的解释力。

十、本章小结

本章是假设检验，主要对第五章提出的研究假设进行实证检验。首先，检验了经营环境差异对企业国内跨地区经营战略和跨地区经营绩效，以及跨地区经营战略对跨地区经营绩效的直接作用。其次，检验了跨地区经营战略在经营环境差异对跨地区经营绩效影响中的中介作用。再次，检验了经营环境相对发展水平和跨地区经营经验在经营环境差异对企业跨地区经营战略和跨地区经营绩效影响中的调节作用。最后，对假设检验的情况进行了汇总。本章的相关分析表明本书的理论模型与实证数据得出的结论基本吻合，说明理论模型有较强的科学性和可靠性。

第九章
研究结论和启示

第八章基于中国企业国内跨地区经营数据，通过回归分析对本书提出的假设进行了检验。本章总结第八章假设检验得到的主要结论，并基于制度基础观对研究结论进行分析和讨论。本章集中分析为什么有的假设得到了数据支持、有的假设没有得到数据支持。最后，基于假设检验结果总结本书的理论和实践贡献，以及对管理实践和进一步研究的启示。

一、研究结论和讨论

依照第八章假设检验的结果，本节展开相关总结和分析。对假设检验的结果进行讨论是非常必要的，它能帮助我们总结本书使用的理论模型哪些部分得到了数据支持、哪些部分没有得到支持。基于这种讨论可以发现本书使用的理论模型的优势和劣势，进一步研究需要在哪些方面做出努力。

（一）经营环境差异对跨地区经营绩效的直接作用

1. 研究结论

本书假设文化差异、经济差异、金融差异、行政差异和创新差异对企业国内跨地区经营绩效有显著的负向影响。在假设检验中发现无论使用哪种方法度量企业跨地区经营绩效，经营环境差异的各个维度均对跨地区经营绩效有显著的负向影响。以经营环境差异与企业在目标市场市场份额的回归结果来看（见表8-1），文化差异的回归系数和t值分别是-0.481和-13.109、经济差异的回归系数和t值分别是-0.099和-8.838、金融差异的回归系数和t值分别是-0.058和-8.959、行政差异的回归系数和t值分别是-0.093和-9.912、创新差异的回归系数和t值分别是-0.069和-7.120。从显著性检验来看，经营环境差异的各个维度的显著性水平均为1%，因此研究假设得到了强有力的实证支持。

综上可以得出研究结论：文化差异、经济差异、金融差异、行政差异和创新差异对企业国内跨地区经营绩效有显著的负向影响，即目标市场与企业总部所在地的经营环境差异越大，企业在目标市场的跨地区经营绩效越差。

2. 对研究结论的讨论

各个维度的经营环境差异对企业跨地区经营绩效有显著的负向影响，原因主要有如下几点：第一，经营环境差异越大，企业越难以在目标市场建立和维持外部合法性（Kostova和Zaheer，1999），导致企业在经营环境差异大的地区需要更多的相关投入才能建立和维持合法性，这在很大程度上增加了企业分支机构在目标市场的运营成本，对跨地区经营绩效有负向影响。第二，经营环境差异越大，在目标市场建立的分支机构越难以获得内部合法性（Kostova和Zaheer，1999；Xu等，2004），导致在经营环境差异大的地区运营的分支机构难以获得总部和其他分支机构的充分支持，内部资源和能力相对较差，其竞争力和业绩也会在很大程度上被削弱。第三，经营环境差异还会导致企业在目标市场的分支机构的其他成本上升，如熟悉当地经营环境的成本、由于经营环境差异大而决策失误的成本以及内部管理成本等。第四，经营环境差异加大带来的制度套利的收益主要归属于总公司，而归属于各个地区的分支机构（特别是新成立的分支机构）的收益较小。

以上四方面原因导致经营环境差异增加时，企业在目标市场的分支机构的经营成本急剧上升，但带来的收益微弱。因此，经营环境差异的各个维度对企业跨地区经营绩效有显著的负向影响。

（二）经营环境差异对跨地区经营战略的直接作用

1. 研究结论

本书假设经营环境差异对企业国内跨地区经营战略有显著的负向影响，即目标市场和总公司所在地的经营环境差异越大，企业在目标市场设立的营业部数量越少。在假设检验中发现（见表8－3），文化差异的回归系数和t值分别是－0.202和－19.368、经济差异的回归系数和t值分别是－0.033和－11.408、金融差异的回归系数和t值分别是－0.017和－9.023、行政差异的回归系数和t值分别是－0.032和－12.148、创新差异的回归系数和t值分别是－0.023和－9.569。从显著性水平来看，经营环境差异各个维度的显著性水平均为1%，说明研究假设得到了较强的实证支持。

综上得出研究结论：文化差异、经济差异、金融差异、行政差异和创新差异对企业跨地区经营战略有显著的负向影响，即经营环境差异越大，企业的跨地区经营战略越保守，设立的分支机构越少。

2. 对研究结论的讨论

经营环境差异越大，企业越不会在目标市场采用激进的跨地区经营战略（即设立较少的分支机构）。原因如下：首先，经营环境差异越大，企业越难以熟悉目标市场情况，面临更大的经营失败风险，越不会在该地区实施激进的跨地区经营战略。这是因为经营环境差异增加时，企业在熟悉经营环境，特别是在熟悉非正式经营环境方面的难度急剧上升。由于在短时间内难以熟悉当地经营环境，分支机构相关经营决策与当地经营环境不符合，大大增加了企业经营失败的概率。其次，在经营环境差异大的地区进行跨地区经营会增加总部对各个分支机构的管理难度，导致管理成本急剧上升。这是因为总部需要获取分支机构的信息和当地经营环境等方面的信息才能做出正确决策，而经营环境差异增加了总部获取上述信息的成本，提高了决策失误的概率。

以上两方面的原因均导致经营环境差异增加时，企业分支机构在目标市场的经营和管理成本上升，经营失败的概率上升，使企业不愿意在经营环境差异大的地区实施激进的跨地区经营战略。因此，经营环境差异对企业跨地区经营战略有显著的负向影响。

（三）跨地区经营战略对跨地区经营绩效的直接作用

1. 研究结论

本书假设跨地区经营战略对企业国内跨地区经营绩效有正向影响。假设检验的结果表明（见表8-4），无论因变量是采用市场份额来度量，还是采用营业收入占总收入的比重来度量，跨地区经营战略均对跨地区经营绩效有显著的正向影响。具体而言，跨地区经营战略与跨地区经营绩效的第一种度量方式（企业在目标市场的市场份额）的回归系数和t值分别是0.526和16.827，与跨地区经营绩效的第二种度量方式（目标市场营业收入占企业营业总收入的比重）的回归系数和t值分别是1.956和21.278。回归系数均在1%的显著性水平上显著为正，说明研究假设得到了强有力的实证支持。

综上得出研究结论：企业跨地区经营战略对跨地区经营绩效有显著的正向影响。

2. 对研究结论的讨论

跨地区经营战略对企业跨地区经营绩效有显著的正向影响。原因如下：第一，企业在一个地区实施激进的跨地区经营战略意味着总部对该地区的重视程度高，会投入更多资源于该市场，从而有助于分支机构在该市场取得更好的跨地区经营绩效。第二，采用激进的跨地区经营战略的企业往往会在目标市场设立大量分支机构，使企业获取当地经营环境信息的渠道更加广泛，能在短时间内获得大量关于目标市场经营环境的知识和信息，有利于企业在目标市场正确决策，从而提高跨地区经营绩效。第三，采用激进跨地区经营战略的企业由于在目标市场设立了众多分支机构，分支机构能在更大范围内共享资源和能力，使成本在更大范围内被分摊，有助于分支机构的经营成本下降和跨地区经营绩效提升。最后，激进的跨地区经营战略能提高企业在目标市场的品牌知名度和服务可得性，有助于分支机构获得更多的商业机会，对提高跨地区经营绩效有帮助。

以上几方面均导致采用激进跨地区经营战略的企业在目标市场的成本更低和收益更高。因此，跨地区经营战略对企业跨地区经营绩效有显著的正向影响。

（四）跨地区经营战略的中介作用

1. 研究结论

本书假设跨地区经营战略在经营环境差异对企业跨地区经营绩效的影响中有中介作用，影响机理是经营环境差异→跨地区经营战略→跨地区经营绩效。本书使用中介变量的检验方法来检验上述假设。为得到更为稳健的研究结论，根据跨地区经营绩效的两种度量方法分别检验跨地区经营战略在经营环境差异对跨地区经营绩效影响中的中介作用。检验结果表明（见表 8－7 和表 8－8），无论使用哪种度量方法，跨地区经营战略都有部分中介作用，因此研究假设得到了部分实证支持。

综上得出研究结论：跨地区经营战略在文化差异、经济差异、金融差异、行政差异和创新差异对企业国内跨地区经营绩效的影响中有部分中介作用。

2. 对研究结论的讨论

跨地区经营战略在经营环境差异对跨地区经营绩效的影响中有部分中介作用，如图 9－1 所示。经营环境差异通过影响跨地区经营战略对跨地区经营绩效产生影响，经营环境差异对跨地区经营绩效还有直接影响。

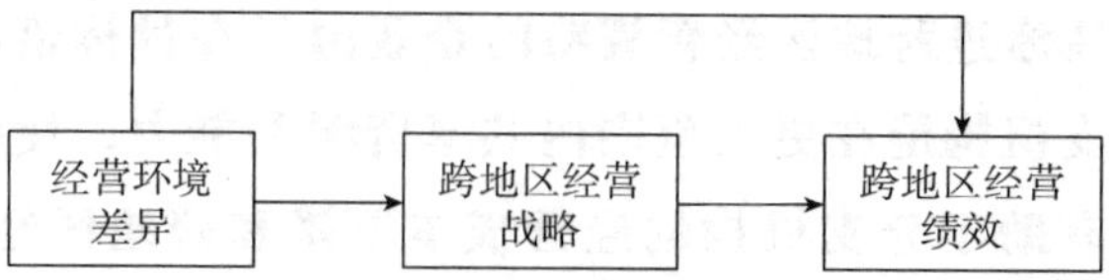

图 9-1　跨地区经营战略的中介作用

跨地区经营战略在经营环境差异对跨地区经营绩效的影响中有中介作用的原因如下：经营环境差异在很大程度上会影响管理者对环境的认知，即影响管理者对跨地区经营风险和跨地区经营收益的判断，从而对跨地区经营战略有直接影响。而企业跨地区经营战略在很大程度上决定了企业可能获得的收益和需要付出的成本，因此对跨地区经营绩效有影响。这表明经营环境差异—跨地区经营战略—跨地区经营绩效的影响链条是存在的。

另外，跨地区经营战略只有部分中介作用，而不具有完全中介作用，即经营环境差异可以不通过影响跨地区经营战略而对跨地区经营绩效产生直接影响。原因在于，经营环境差异提高了企业在目标市场的成本和经营风险，这只会部分反映在企业跨地区经营决策上。因为，企业在进行跨地区经营战略决策时往往要考虑更多因素，如目标市场的战略重要程度。当经营环境差异没有完全反映到企业跨地区经营战略上时，经营环境差异会直接影响企业跨地区经营的成本和收益，从而对跨地区经营绩效产生直接的负向影响。

例如，企业 A 要进入 D1 和 D2 两个目标市场。D1 的经营环境差异大于 D2。A 在 D1 设立 N1 个分支机构，在 D2 设立 N2 个分支机构。由于企业 A 对目标市场 D1 非常重视，在 D1 设立的分支机构数大于在 D2 设立的分支机构数（N1 > N2）。由于 D1 的经营环境差异大于 D2，企业 A 在 D1 的经营成本和风险大于 D2，因此在 D1 的经营绩效会差于 D2。在这个例子中，经营环境差异对跨地区经营绩效的影响就不是通过影响跨地区经营战略而实现的，经营环境差异直接影响企业的经营成本和风险，即经营环境差异对跨地区经营绩效有直接的负向影响。因此，经营环境差异对跨地区经营绩效既有直接影响，又通过影响跨地区经营战略有间接影响。

（五）经营环境相对发展水平的调节作用

经营环境相对发展水平的调节作用分为两部分，首先是经营环境相对发展水平在经营环境差异对企业国内跨地区经营战略影响中的调节作用，其次是经营环境相对发展水平在经营环境差异对企业国内跨地区经营绩效影响中的调节作用。本节将针对上述两部分分别总结实证研究的主要结论，并展开相应的讨论。

1. 研究结论

（1）经营环境相对发展水平在经营环境差异对跨地区经营战略影响中的调节作用。假设经营环境相对发展水平在经济、金融、行政和创新差异对企业国内跨地区经营战略的影响中有调节作用。实证分析结果表明（见表8-9），经济相对发展水平与经济差异的交互项的回归系数和t值分别是-0.075和-13.276、金融相对发展水平和金融差异的交互项的回归系数和t值分别是-0.045和-12.704、行政相对发展水平和行政差异的交互项的回归系数和t值分别是-0.061和-12.515、创新相对发展水平和创新差异的交互项的回归系数和t值分别是-0.057和-11.940。上述回归系数的显著性水平均为1%，因此假设得到了数据支持。

综上可以得出研究结论：经营环境相对发展水平在经济、金融、行政和创新差异对企业跨地区经营战略的影响中有调节作用，即在经营环境相对发展水平高时，经营环境差异对企业跨地区经营战略的负向影响更大。

（2）经营环境相对发展水平在经营环境差异对跨地区经营绩效影响中的调节作用。假设经营环境相对发展水平在经济、金融、行政和创新差异对企业国内跨地区经营绩效的影响中有调节作用。当以企业在目标市场的市场份额来度量企业跨地区经营绩效时，实证分析结果表明（见表8-10），经济相对发展水平与经济差异的交互项的回归系数和t值分别是-0.032和-1.880、金融相对发展水平和金融差异的交互项的回归系数和t值分别是-0.021和-1.787、行政相对发展水平和行政差异的交互项的回归系数和

t值分别是-0.037和-2.248、创新相对发展水平和创新差异的交互项的回归系数和t值分别是0.007和0.460。经济和金融维度的交互项的显著性程度为10%、行政维度的交互项的显著性水平为5%、创新维度的交互项不显著。当以企业在目标市场的营业收入占企业营业总收入的比重来度量跨地区经营绩效时，实证分析结果表明（见表8-11），经济、金融、行政和创新维度的调节作用的回归系数均为正，显著性水平均为1%。综合以上两方面的分析结果，可以认为经济、金融、行政和创新维度的调节作用假设均得到了数据支持。

综上得出研究结论：经营环境相对发展水平在经济、金融、行政和创新差异对企业跨地区经营绩效的影响中有调节作用，即在经营环境相对发展水平为高时，经营环境差异对企业跨地区经营绩效的负向影响更大。

2. 对研究结论的讨论

（1）经营环境相对发展水平在经营环境差异对跨地区经营战略影响中的调节作用。实证分析表明，经营环境相对发展水平在经营环境差异对跨地区经营战略的影响中有调节作用。原因如下：一方面，经营环境发展水平高的地区的经营环境规则往往更加透明和公正，企业熟悉规则的难度较低，付出的成本较小。这导致从经营环境相对发展水平低的地区向经营环境相对发展水平高的地区进行跨地区经营比从经营环境相对发展水平高的地区向经营环境相对发展水平低的地区进行跨地区经营难度更低。另一方面，由于经营环境发展水平高的地区的经营环境规则更加透明和公平，企业不了解规则而违反规则的可能性降低，并且能省去大量用于疏通关系的灰色成本，这意味着从经营环境相对发展水平低的地区向经营环境相对发展水平高的地区进行跨地区经营比从经营环境相对发展水平高的地区向经营环境相对发展水平低的地区进行跨地区经营需要付出的成本更低。

以上两方面的原因均导致相同的经营环境差异对位于经营环境相对发展水平高的地区的企业进行跨地区经营的阻碍作用大于位于经营环境相对发展水平低的地区的企业，即经营环境相对发展水平在经营环境差异对企业国内跨地区经营战略的影响中有调节作用。

（2）经营环境相对发展水平在经营环境差异对跨地区经营绩效影响中的调节作用。实证分析表明，经营环境相对发展水平在经营环境差异对跨地区经营绩效的影响中有调节作用。原因如下：一方面，在经营环境差异相同的情况下，位于经营环境发展水平高的地区的企业向经营环境相对发展水平低的地区进行跨地区经营时需要在熟悉当地经营环境等方面付出更多成本，这无疑会降低企业跨地区经营绩效。另一方面，在经营环境差异相同的情况下，位于经营环境相对发展水平高的地区的企业向经营环境相对发展水平低的地区进行跨地区经营时由于不熟悉当地经营环境而出现违反经营环境规则，导致丧失商业机会甚至被相关方惩罚的可能性大为提高。

以上两个方面均导致在经营环境差异相同的情况下，位于经营环境相对发展水平高的地区的企业向经营环境相对发展水平低的地区进行跨地区经营时比位于经营环境相对发展水平低的地区的企业向经营环境相对发展水平高的地区进行跨地区经营面临更高的成本和更低的收益。因此，经营环境相对发展水平在经营环境差异对跨地区经营绩效的影响中有调节作用。

（六）跨地区经营经验的调节作用

跨地区经营经验的调节作用分为两部分，首先是跨地区经营经验在经营环境差异对跨地区经营战略影响中的调节作用，其次是跨地区经营经验在经营环境差异对跨地区经营绩效影响中的调节作用。本节将针对上述两部分分别总结实证研究的主要结论，并展开相应讨论。

1. 研究结论

（1）跨地区经营经验在经营环境差异对跨地区经营战略影响中的调节作用。假设跨地区经营经验在文化差异、经济差异、金融差异、行政差异和创新差异对企业国内跨地区经营战略的影响中有调节作用。实证检验结果表明（见表8－12），跨地区经营经验与文化差异的交互项的回归系数和t值分别是0.007和5.432、跨地区经营经验与经济差异的交互项的回归系数和t值分别是0.0004和1.245、跨地区经营经验和金融差异的交互项的回归系数和t值分别是0.001和2.952、跨地区经营经验和行政差异的交互项的回归系数和t值分别是0.001和2.774、跨地区经营经验和创新差异的交互项的回归系数和t值分别是0.001和3.846。因此，文化差异、金融差异、行政差异和创新差异与跨地区经营经验的交互项的显著性水平均为1%，经济差异与跨地区经营经验的交互项的回归系数不显著。因此，文化、金融、行政和创新维度的假设得到了支持，经济维度的假设未得到支持。

综上得出研究结论：跨地区经营经验在文化差异、金融差异、行政差异和创新差异对跨地区经营战略的影响中有调节作用，在经济差异对跨地区经营战略的影响中的调节作用没有得到支持，说明企业跨地区经营经验越丰富，文化差异、金融差异、行政差异和创新差异对跨地区经营战略的负向影响越小。

（2）跨地区经营经验在经营环境差异对跨地区经营绩效影响中的调节作用。假设跨地区经营经验在文化差异、经济差异、金融差异、行政差异和创新差异对企业国内跨地区经营绩效的影响中有调节作用。实证检验结果表明，无论采用跨地区经营绩效的哪种度量方式，回归结果均一致。以企业在目标市场的市场份额的分析结果为例（见表8－13），跨地区经营经验与文化差异的交互项的回归系数和t值分别是0.048和11.816，跨地区经营经验与经济差异的交互项的回归系数和t值分别是0.015和12.299、跨地区经营经验和金融差异的交互项的回归系数和t值分别是0.012和13.291、跨地区经营经验和行政差异的交互项的回归系数和t值分别是0.017和13.118、跨地区经营经验和创新差异的交互项的回归系数和t值分别是0.016和13.997。因此，各个维度经营环境差异与跨地区经营经验的交互项的显著性水平均为1%，说明假设均得到了数据支持。

综上得出研究结论：跨地区经营经验在文化差异、经济差异、金融差异、行政差异和创新差异对企业国内跨地区经营绩效的影响中有调节作用，即企业国内跨地区经营经验越丰富，经营环境差异对跨地区经营绩效的负向影响越小。

2. 对研究结论的讨论

（1）跨地区经营经验在经营环境差异对跨地区经营战略影响中的调节作用。实证分析表明，跨地区经营经验总体上在经营环境差异对跨地区经营战略的影响中有正向调节作用（对文化差异、金融差异、行政差异和创新差异均成立）。原因如下：一方面，跨地区经营经验丰富的企业由于进入了较多经营环境不同的地区，在熟悉各个地区的经营环境方面有更多的经验和相关实践，有助于企业更快地熟悉目标市场的经营环境。另一方面，在多个地区进行跨地区经营的企业往往拥有更为丰富的与相关方进行商业活动的经验，这种经验在很大程度上能帮助企业在新的市场与相关方更为顺利地进行商业活动，从而获得更多的商业利益。因此，跨地区经营经验越丰富，经营环境差异对企业在一个地区实施跨地区经营战略的阻碍越小，企业越容易在该地区实施跨地区经营战略。

实证分析还发现，跨地区经营经验在经济差异对跨地区经营战略的影响中没有调节作用，原因在于经营环境的不同维度有不同的识别难度或隐性程度。经营环境差异阻碍了企业跨地区经营在很大程度上是由于经营环境差异使企业难以熟悉当地经营环境，难以根据当地经营环境的要求做出正确决策。因此，经营环境差异带来的难度与经营环境差异的隐性程度正相关。具体而言，经营环境差异的隐性程度越高，获取相关信息和知识的难度越高，企业承担的跨地区经营成本越大。在经营环境差异的各个维度中，经济差异的隐性程度最低，文化差异的隐性程度最高，金融差异、行政差异和创新差异的隐性程度居于两者之间。因此，跨地区经营经验对于克服文化差异等隐性程度高的经营环境差异带来的障碍作用较大，而对于克服经济差异带来的障碍作用较小，导致跨地区经营经验与经济差异的交互项不显著，即在经济差异对跨地区经营战略的影响中没有调节作用。

（2）跨地区经营经验在经营环境差异对跨地区经营绩效影响中的调节作用。实证分析发现，跨地区经营经验在经营环境差异对跨地区经营绩效的影响中有正向调节作用，即跨地区经营经验越丰富，经营环境差异对跨地区经营绩效的负向影响越小。原因如下：首先，企业跨地区经营经验越丰富，企业越可以借助以往进入其他市场在熟悉经营环境方面的经验，更快地熟悉即将进入的新市场的经营环境规则。因此，企业进入新市场时在熟悉当地的经营环境方面投入的成本越低。其次，跨地区经营经验有助于企业更好地与相关方进行商业活动，以及在违反经营环境规则时更有效地进行危机公关，使企业在目标市场经营面临的成本相对较低。最后，跨地区经营经验能帮助企业更快地在目标市场建立和维持合法性，有助于企业获得更多的商业机会和利益。

以上原因均导致跨地区经营经验丰富的企业更能有效地克服经营环境差异对企业跨地区经营绩效的负向影响，即跨地区经营经验在经营环境差异对跨地区经营绩效的影响中有正向调节作用。

二、研究启示

本书的结论对企业和政府制定相关决策有重要启示。研究结论对企业的启示主要表现在可以为企业跨地区经营战略选择和跨地区经营绩效提升提供参考，对政府的启示在于能为政府招商引资提供有别于以往研究和更有针对性的政策建议。下面分别阐述研究结论对上述两方面的启示。

（一）对企业国内跨地区经营的启示

1. 基于经营环境差异进行跨地区经营决策

现有研究倾向于强调经营环境对企业跨地区经营的影响（Meyer 和 Nguyen，2005；Hitt 等，2006；Flores 和 Aguilera，2007；Galan 等，2007；Coeurderoy 和 Murray，2008；Du 等，2008；Yang 等，2009；Cui 和 Jiang，2010；Demirbag 和 Glaister，2010；Daniele 和 Marani，2011；Khoury 和

Peng，2011；Kang 和 Jiang，2012），大量研究发现企业更倾向于选择经营环境好的地区进行投资［如 Du 等（2008）、Daniele 和 Marani（2011）］。按照上述研究的建议，企业在进行跨地区经营时要选择进入经营环境好的地区，因为目标市场的经营环境越好，企业在当地跨地区经营会越成功。

然而，上述研究在企业实践中面临很大挑战。从全球各个地区的经营环境来看，欧美等地的经营环境相对较好，新兴市场的经营环境较差，而非洲多数国家的经营环境排在新兴市场之后。按照现有研究的结论，企业进行跨地区经营时应该进入经营环境好的欧美地区，而不应该选择新兴市场和非洲国家。现实的情况是大多数企业选择进入新兴市场。这固然有成本等方面的考虑，但即便是剔除成本的影响，现有理论还是难以解释企业的区位选择。

本书的研究结论表明，经营环境差异是企业跨地区经营区域选择一个非常重要的考虑因素，这对现有强调经营环境的研究是重要补充。根据本书的研究结论，经营环境差异对企业跨地区经营战略和绩效均有负向影响，说明企业跨地区经营的区位选择时要从注重经营环境到注重经营环境差异转移。具体而言，企业在跨地区经营时不应过分强调目标市场经营环境的绝对好坏，而更应强调目标市场经营环境与企业所在地经营环境的差异大小。

从注重经营环境到注重经营环境差异是一个重大转变，企业需要基于经营环境差异进行跨地区经营决策。例如，当企业在进行跨地区经营区位选择时，要注重选择那些与总公司经营环境差异小的地区进行跨地区经营。在进行跨地区经营战略决策时，在经营环境差异小的地区可以采用激进的跨地区经营战略，而在经营环境差异大的地区要采用相对保守的跨地区经营战略。

2. 对中国企业国内跨地区经营的启示

本书的研究结论对中国企业国内跨地区经营有以下的启示：

(1) 实施跨地区经营战略，利用中国大市场做大做强。实证分析表明，跨地区经营战略对企业跨地区经营绩效有显著的正向影响，说明中国企业可以通过跨地区经营，充分利用中国大市场优势做大做强。国内跨地区经营对企业在全国范围内实现营销等成本的分摊，利用各个地区的经营环境差异进行制度套利，以及树立全国性的企业和产品形象都极有好处。并且企业在国内跨地区经营获得的跨地区经营经验可以进一步帮助其克服进入国内其他地区和进入国际上经营环境类似地区时面临的障碍，对企业的长远发展有重要意义。在这种意义上，实施国内跨地区经营是企业获得竞争优势的核心战略选择。

（2）优先进入经营环境差异小的地区。实证分析表明，经营环境差异对企业跨地区经营战略和跨地区经营绩效均有显著的负向影响，说明企业在进行跨地区经营时要优先进入经营环境差异小的地区。例如，对上海企业而言，在跨地区经营时可以优先进入与上海经营环境较为接近的区域，如北京、天津和浙江等；而对四川企业，其在跨地区经营时可以优先选择进入与四川经营环境类似的重庆和云南等地。选择经营环境差异小的地区进行跨地区经营可以使企业能在很大程度上规避由于对目标市场经营环境不熟悉带来的经营风险，有助于企业取得更好的跨地区经营绩效。

（3）注重评估隐性程度高的经营环境维度。经营环境各个维度的隐性程度不同，对企业跨地区经营有不同程度的阻碍作用。一般而言，文化的隐性程度较高，经济环境的隐性程度较低，其他经营环境维度的隐性程度居于两者之间。经营环境的隐性程度越高，企业越难以理解当地的经营环境，越可能违反当地的经营环境规则导致跨地区经营进展不顺利甚至导致失败。因此，在对各个地区的经营环境差异进行评估时，要侧重评估文化等隐性程度高的经营环境维度的相似程度，而把经济环境等显性程度高的经营环境维度放在次要位置。注重评估隐性程度高的经营环境维度可以帮助企业更为有效地评估目标市场的经营环境可能对企业跨地区经营的影响，做出更恰当的跨地区经营决策。

（4）位于经营环境相对发展水平高的地区的企业更要注意规避经营环境差异带来的负向影响。实证分析表明，经营环境差异对企业跨地区经营的负向影响的大小与企业所在地区的经营环境相对发展水平有关。企业所在地的经营环境相对发展水平越高，经营环境差异对企业跨地区经营战略和跨地区经营绩效的负向影响越大。说明经营环境相对发展水平高的地区的企业在进行国内跨地区经营时更要注重经营环境差异可能带来的负向影响，而经营环境相对发展水平低的地区的企业进行跨地区经营时，对经营环境差异的负向影响的侧重程度可以有所降低。例如，相对于云南、西藏和四川等地的企业，上海、北京和浙江企业在跨地区经营过程中更要注意目标市场经营环境与企业所在地的相似程度，要奉行更加保守的跨地区经营战略，以降低经营环境差异伴随的风险和成本。

（5）利用跨地区经营经验弱化经营环境差异对跨地区经营的负向影响。实证分析表明，跨地区经营经验越丰富，经营环境差异对企业跨地区经营战略和跨地区经营绩效的负向影响越小，说明企业可以利用跨地区经营经验降低经营环境差异对企业跨地区经营可能带来的负向影响。在具体操作时，企业可以先在目标市场设立少数分支机构进行跨地区经营，利用这些分支机构积累跨地区经营经验。当企业的跨地区经营经验较为丰富时，再在目标市场实施较为激进的跨地区经营战略。这种做法可以帮助企业充分规避经营环境差异可能带来的风险和成本，提高企业跨地区经营的成功概率。

3. 对外资企业在中国跨地区经营的启示

现有研究多集中于探讨国家层面的经营环境对企业跨地区经营的影响，基于这种类型的研究，企业在选择一个国家之后还是面临很大的困惑：要进入这个国家哪些地区呢？特别是在中国这样幅员辽阔和各个地区差异大的国家，外资企业在区位选择时面临更多困惑。本书的相关结论对外资企业在中国进行跨地区经营也有重要启示。具体而言，对外资企业在中国跨地区经营有以下几方面的启示：

（1）进入与总公司所在地经营环境类似的地区。经营环境差异对企业跨地区经营战略和绩效有负向影响，说明外资企业在进入中国时，要进入与总公司所在地经营环境类似的地区，以降低经营环境差异的负向影响。例如，一家美国企业在进入中国时，最好选择中国各个区域中与美国经营环境差异小的地区，而对一家要进入中国的越南企业而言，没有必要选择进入美国企业所选择进入的地区，而可以选择进入与越南经营环境类似的地区。总之，跨国公司在区域选择时不仅要看重当地经营环境的绝对好坏，更要看重当地经营环境与母国的相似程度，并进入经营环境差异小的地区。

（2）在中国不同地区实施不同的跨地区经营战略。由于中国各个地区的经营环境差异很大，导致各个地区与外资企业总公司所在地的经营环境有不同程度的差异。为规避经营环境差异对企业跨地区经营战略和跨地区经营绩效的负向影响，外资企业需要在经营环境差异相对较小的地区实施较为激进的跨地区经营战略，而在经营环境差异相对较大的地区实施相对保守的跨地区经营战略。例如，对美国企业而言，其可以在上海、北京等地实施较为激进的跨地区经营战略，而在西藏、云南和四川等经营环境与美国相对差异大的地区实施相对保守的跨地区经营战略。又如，对越南企业而言，其可以在云南和四川等地实施较为激进的跨地区经营战略，而在北京和上海等地实施较为保守的跨地区经营战略。因此，外资企业在中国各个地区的跨地区经营战略取决于外资企业母国的经营环境与中国各个地区经营环境的差异程度。

（3）注重积累跨地区经营经验。跨地区经营经验有助于降低经营环境差异对企业跨地区经营战略和绩效的负向影响。对外资企业而言，应该充分积累和利用在中国跨地区经营的经验。在对中国经营环境不熟悉时，可以采用相对保守的跨地区经营战略，只在中国少数区域设立少数分支机构，利用这些分支机构积累在中国的跨地区经营经验。另外，还要注重各个地区子公司之间跨地区经营经验的分享，利用内部知识分享增加各个分支机构对当地经营环境的理解，降低经营环境差异可能带来的负面影响，提高在中国的跨地区经营绩效。

（二）对政府制定相关政策的启示

1. 从注重改善投资环境到注重降低经营环境差异

现存研究倾向于强调经营环境对 FDI 流入等的正向影响（Du 等，

2008；Daniele 和 Marani，2011），按照这种研究的逻辑，要吸引外资和外地企业，政府必须改善当地经营环境。在这种背景下，世界银行开始对各个地区进行投资环境调查，以帮助跨国公司更好地进行区位选择。这种思想还反映到相关政府报告中，如在《我国国民经济和社会发展“十二五”规划纲要》中存在下面的论述：“（中部地区）改善投资环境，有序承接东部地区和国际产业转移”，“发挥资源和劳动力比较优势，优化投资环境，扩大外商投资优势产业领域，积极承接国际产业和沿海产业转移，培育形成若干国际加工制造基地、服务外包基地。”这些论述都反映了有关投资环境的研究对政府制定相关政策的影响。

企业在跨地区经营时，经营环境差异会对企业跨地区经营战略和跨地区经营绩效产生负向影响。基于上述结论，有必要从注重经营环境到注重经营环境差异转移，即相关政策的制定要致力于降低目标企业所在地的经营环境和当地经营环境之间的差异。例如，江苏由于邻近上海，一直致力于吸引上海转移出去的企业。那么，江苏应努力降低其与上海之间的经营环境差异。广西与广东邻近，致力于吸引广东转移出去的企业，广西的最优做法是致力于降低其与广东在经营环境方面的差异。

上述逻辑对各地区吸引外资企业同样成立。为吸引外资企业，各地区要致力于降低本地与外资企业总部所在地的经营环境差异。例如，假定地区 A 是跨国企业的聚集地，这些跨国企业多来自美国和欧洲等经营环境发展水平高的地区。对地区 A 而言，相关政策的制定要致力于缩小地区 A 的经营环境与美国和欧洲等地经营环境的差异，以更好地吸引和保留美国和欧洲企业。再如，地区 B 的外资企业以来自日本和韩国等地的企业为主。对于地区 B 的政府而言，应该致力于了解日本和韩国的经营环境，使本地的经营环境与日本和韩国的经营环境较为类似，以降低日本和韩国企业在当地的经营成本。

综上所述，地方政府要从注重改善经营环境到注重降低本地经营环境与所要吸引企业所在地经营环境的差异。只有这样才能为外地企业营造更好的投资环境，从而促进外地企业在本地发展，最终达到吸引越来越多的外地企业到本地投资的目的。

2. 增加经营环境透明度

经营环境对企业跨地区经营的影响在很大程度上是由于有关经营环境的知识是一种隐性知识，企业需要在当地运营较长时间才能对经营环境有深入了解。地方政府吸引外地企业的另一个重要措施是将经营环境的隐性部分逐渐显性化。当经营环境显性部分的比重逐渐上升时，外地企业熟悉当地经营环境的难度会下降，相关成本也会下降，使当地投资环境对外地企业变得更有吸引力。

使当地经营环境显性化的一个很重要方面是增加经营环境透明度。企业难以理解和适应经营环境往往是因为经营环境中的规则不透明。因为，地区经营环境规则透明度差使刚刚进入该地区的企业由于难以把握这些规则而违反规则，并承担由此带来的大量成本。当地方政府通过各种手段不断提高当地经营环境透明度时，外地企业更容易把握当地经营环境的关键方面，使企业由于违反经营环境规则而导致商业失败的风险下降。因此，提高当地经营环境的透明度可以在很大程度上降低经营环境差异对企业跨地区经营的负向影响。

地方政府可以通过各种手段提高当地经营环境的透明度。例如，对政府各个部门的职责、办事程序以及处理相关事务的时间限制做出明确规定，使外地企业更容易把握当地的经营环境规则，从而降低外地企业在当地运营的商业成本，提高本地对外地企业的吸引力。

三、研究创新和理论贡献

本书探讨了经营环境差异对企业国内跨地区经营绩效的影响，有如下几方面的研究创新和理论贡献。

（一）构建了经营环境差异与跨地区经营绩效的理论模型，拓展了制度基础观的研究范围，对制度基础观的发展有重要贡献

目前，学界对企业国内跨地区经营绩效的影响因素研究较少。本书将制度基础观应用到企业国内跨地区经营这一研究领域，分析了经营环境差异对企业跨地区经营合法性、制度套利和经营成本的影响，并构建了经营环境差异与跨地区经营绩效的理论模型。在理论研究的基础上，进一步收集中国企业国内跨地区经营数据，对理论模型进行了实证检验，分析结果表明本书的理论模型在很大程度上得到了实证数据的支持。

上述理论和实证工作对制度基础观的进一步发展有两方面的贡献：首先，将企业国内跨地区经营纳入制度基础观的研究范畴，在很大程度上拓展了制度基础观的研究范畴。其次，基于制度基础观提出的理论模型和研究假设在很大程度上得到了数据支持，说明制度基础观可以对企业国内跨地区经营决策和跨地区经营绩效提供可靠的预测。因此，本书为制度基础观提供了来自企业国内跨地区经营方面的经验证据。另外，对经营环境差异与企业国内跨地区经营绩效影响机理的揭示，对于进一步推动制度基础观在企业跨地区经营方面的应用有重要启示。

（二）对跨地区经营战略的中介作用进行了理论分析和实证检验，明晰了经营环境差异对跨地区经营绩效的影响机理

在对经营环境差异与企业国内跨地区经营绩效探讨的基础上，本书进一步探讨了经营环境差异对企业国内跨地区经营绩效的具体影响途径和影响机理。通过理论和实证研究发现，跨地区经营战略在经营环境差异对跨地区经营绩效的影响中有中介作用，即目标市场与企业总部所在地之间的经营环境差异通过影响企业在目标市场的跨地区经营战略决策而影响企业在目标市场的跨地区经营绩效。

跨地区经营战略中介作用的揭示有如下两方面的理论贡献：首先，对跨地区经营战略中介作用的揭示有助于明晰经营环境差异对跨地区经营绩

效的影响机理。其次，对跨地区经营战略中介作用的实证检验为制度基础观的理论逻辑提供了直接实证证据。在制度基础观的核心逻辑中，制度通过影响企业战略选择而影响企业绩效，然而对这种影响机理的实证研究较少。本书基于企业国内跨地区经营数据对上述逻辑提供了直接的实证检验，为制度基础观的核心逻辑提供了强有力的实证依据。本书的结论说明制度基础观的理论逻辑有很强的现实基础。

（三）对经营环境相对发展水平和跨地区经营经验的调节作用进行了深入探讨，揭示出经营环境差异在不同条件下对跨地区经营绩效有不同影响

为进一步解释不同条件下经营环境差异对跨地区经营绩效的不同影响，本书对经营环境相对发展水平和跨地区经营经验对企业国内跨地区经营战略和跨地区经营绩效的影响机理进行了深入探讨。调节作用的探讨能在很大程度上揭示在什么情况下经营环境差异对企业跨地区经营战略和跨地区经营绩效的影响强度更大，不仅有助于理解经营环境差异对企业跨地区经营战略和跨地区经营绩效影响的边界条件，而且有助于企业找到克服经营环境差异对国内跨地区经营带来的负向影响的方法。

本书发现，经营环境差异对位于经营环境相对发展水平高的地区的企业和跨地区经营经验薄弱的企业阻碍更大，充分说明经营环境差异与企业国内跨地区经营绩效的关系与经营环境相对发展水平和企业的跨地区经营经验有关，对于我们更加深入地理解经营环境差异与企业国内跨地区经营绩效的关系有重要贡献。从实践的角度来看，上述研究结论有助于企业找出克服经营环境差异带来的跨地区经营障碍的对策，从而进一步提高企业国内跨地区经营绩效。因此，对经营环境相对发展水平和跨地区经营经验调节作用的探讨对管理实践也有重要启示。

（四）开发出中国各地区经营环境和经营环境差异的测量方法，为制度基础观进一步实证研究的开展奠定了测量基础

本书在研究方法创新的一个重要方面是开发出中国各个地区经营环境和经营环境差异的测量方法。目前，关于中国各地区经营环境的测量方法非常少，并且现有测量方法覆盖的制度维度较少。例如，以国内常用的经营环境的测量指标市场化指数来看，该指标反映了经济和产权保护等维度，对于文化等维度的测量几乎没有涉及。另外，市场化指数侧重测量正式制度，对非正式制度的关注较少。鉴于中国各地区经营环境测量指标的缺乏，本书通过文献回顾，确定了制度的五个维度，即文化、经济、金融、行政和创新，并开发出各个维度的测量方法，在研究测量方面有较强的创新性。

本书在经营环境和经营环境差异测量方面所做的工作为后续制度相关研究的研究测量奠定了基础。由于中国各个地区经营环境测量方法缺乏，有关经营环境的实证研究开展起来困难重重。在很大程度上，经营环境测量的困难已经成为在中国推动制度基础观相关实证研究的一大障碍。基于现有文献和相关理论，开发出经营环境各个维度的度量方法，为后续实证研究奠定了基础。这种测量方法也可以为国外同类研究所借鉴，为制度基础观实证研究的进一步开展提供了便利。

（五）选择服务企业作为研究样本，为制度基础观提供来自新兴市场国家服务业的经验证据

在样本选择方面，本书选择服务企业作为研究样本，弥补了现有研究对服务企业关注不够的缺陷。目前，国内外有关企业跨地区经营的研究多采用制造企业作为研究样本，对服务企业跨地区经营研究很少。随着服务业的不断兴起，服务业在国民经济中发挥的作用将越来越大，理应得到更多研究关注。制造企业可以通过贸易等方式实现跨地区经营，但服务企业必须在当地设立服务机构才能进行跨地区经营。因此，相对于制造企业，

服务企业跨地区经营受各地区经营环境的影响更大。因此，有必要探讨服务企业的跨地区经营问题。有鉴于此，本书选取证券业这个典型的服务业为研究对象，探讨经营环境差异对企业国内跨地区经营的影响，样本选择有较强的创新性。

由于样本选择的创新性，本书为制度基础观和经营环境差异的研究视角提供了来自新兴市场国家服务业的经验证据。目前，有关经营环境差异的相关研究主要使用来自发达国家的制造企业作为研究样本，使用服务业企业和新兴市场国家企业作为研究样本的研究较少。本书使用来自新兴市场服务企业的经验证据，检验了基于经营环境差异视角发展出来的研究框架和研究假设。实证研究表明，研究框架和研究假设在很大程度上得到了实证数据支持，说明经营环境差异的研究视角不但适用于解释发达国家制造企业的经营管理现象，也有助于理解来自新兴市场国家的服务企业的经营管理现象。

四、 研究局限和未来研究方向

（一）研究局限

1. 研究样本方面的局限

研究样本方面的局限主要表现在仅选取证券企业作为研究样本，样本的覆盖面较窄。从样本的角度来看，中国企业国内跨地区经营的研究样本既可以是制造业企业，又可以是服务业企业。如前文所述，本书选取证券企业是现有研究条件下最好的选择之一，但这也造成了样本的覆盖面较窄的问题。如何将其他服务企业纳入研究范围是进一步研究的重点。

2. 研究内容方面的局限

由于篇幅限制，局限于探讨经营环境差异对企业国内跨地区经营战略和跨地区经营绩效的影响。而经营环境差异对企业经营的影响可能反映在很多方面，如企业的人力资源决策和经营风险等。另外，本书探讨的是服务企业的跨地区经营问题，对制造企业的跨地区经营问题没有涉及，更没有对服务企业和制造企业的国内跨地区经营进行比较研究。

（二）未来研究方向

1. 对其他服务企业和制造企业的国内跨地区经营进行深入探讨

本书集中于探讨经营环境差异对证券企业国内跨地区经营绩效的影响。进一步的研究可以向两方面拓展：一方面，将其他服务企业纳入研究范畴，如银行和餐饮企业等服务企业的跨地区经营问题，并比较这些企业和企业在国内跨地区经营方面的异同；另一方面，将制造企业纳入研究范畴，探讨制造企业的国内跨地区经营问题。与服务企业相比，制造企业可以通过经销商、设立分支机构等多种方式进行国内跨地区经营，制造企业的国内跨地区经营问题也值得深入探讨。

2. 基于调查数据对地区间经营环境差异进行更精细的测量

本书主要基于二手数据测量地区间经营环境差异，进一步的研究可以基于调查数据对各个地区的经营环境和地区间经营环境差异进行更精细的测量。目前，国内关于经营环境的相关研究遇到的一个重大障碍是关于经营环境没有较为成熟的测量方法。本书虽然基于二手数据对各个地区的文化、经济、金融、行政和创新等维度的经营环境和经营环境差异进行了度量，但仍存在较大的改进空间。进一步的研究可以通过抽取各个地区有代表性的企业样本，对企业进行调研，在调研的基础上更为精细地测量各个地区的经营环境和经营环境差异。

3. 比较经营环境差异对企业国内跨地区经营和跨国经营影响机理的差异

由于篇幅限制，本书仅限于探讨企业国内跨地区经营，进一步的研究可以比较经营环境差异对企业国内跨地区经营和跨国经营影响机理的差异。经营环境差异对企业国内跨地区经营和跨国经营的影响机理可能既有类似的地方也有不同之处。对经营环境差异与企业国内跨地区经营和跨国经营的关系进行比较研究有助于学术界和实践界理解经营环境差异对不同类型跨地区经营影响机理的异同，也有助于企业更好地理解国内跨地区经营和跨国经营的本质区别，从而更好地在国内外开展跨地区经营。

4. 基于制度基础观、资源基础理论和产业基础理论对企业国内跨地区经营进行多理论比较研究

本书基于制度基础观对企业国内跨地区经营进行了初步探讨，进一步的研究可以基于多理论视角展开比较研究。目前，战略管理中的三大研究视角分别是制度基础观、资源基础理论和产业基础理论。这三大理论视角关注的方面有较大的不同，由于关注方面的差异，这三大视角可以互为补充，为理解企业国内跨地区经营提供更为丰富的理论洞见。进一步的研究可以基于这三大视角从理论上探讨企业国内跨地区经营的影响因素，并比较这三大视角对企业跨地区经营战略选择和跨地区经营绩效的预测力。

参考文献

[1] Asiedu, E. Foreign direct investment in Africa: The role of natural resources, market size, government policy, institutions and political instability [J]. The World Economy, 2006, 29 (1): 63-77.

[2] Bae, J. H., Salomon, R. M. Institutional distance in international business research [A] //T. M. Devinney, T. Pedersen & L. Tihanyi. Advances in international management: The past, present and future of international business and management [M]. New York, NY: Emerald, 2010: 327-349.

[3] Barkema, H. G., Bell, J. H. J., Pennings, J. M. Foreign entry, cultural barriers, and learning [J]. Strategic Management Journal, 1996, 17 (2): 151-166.

[4] Barney, J. Firm resources and sustained competitive advantage [J]. Journal of Management, 1991, 17 (1): 99.

[5] Berry, H., Guillen, M. F., Zhou, N. An institutional approach to cross-national distance [J]. Journal of International Business Studies, 2010, 41 (9): 1460-1480.

[6] Berry, H., Sakakibara, M. Resource accumulation and overseas expansion by Japanese multinationals [J]. Journal of Economic Behavior & Organization, 2008, 65 (2): 277-302.

[7] Brouthers, K. D., Brouthers, L. E. Acquisition or greenfield start-up? Institutional, cultural and transaction cost influences [J]. Strategic Management

Journal, 2000, 21 (1): 89 -97.

[8] Buckley, P. J. , Hashai, N. Formalizing internationalization in the eclectic paradigm [J] . Journal of International Business Studies, 2009, 40 (1): 58 -70.

[9] Busenitz, L. W. , Gómez, C. , Spencer, J. W. Country institutional profiles: Unlocking entrepreneurial phenomena [J] . Academy of Management Journal, 2000, 43 (5): 994 -1003.

[10] Campa, J. M. , Guillén, M. F. The internalization of exports: Firm and location - specific factors in a middle - income country [J] . Management Science, 1999, 45 (11): 1463 -1478.

[11] Carlsson, J. , Nordegren, A. , Sjöholm, F. International experience and the performance of Scandinavian firms in China [J] . International Business Review, 2005, 14 (1): 21 -40.

[12] Caves, R. E. Multinational enterprise and economic analysis (2nd ed.) [M] . Cambridge, MA: Harvard University Press, 1996.

[13] Chan, C. M. , Makino, S. , Isobe, T. Does subnational region matter? Foreign affiliate performance in the United States and China [J] . Strategic Management Journal, 2010, 31 (11): 1226 -1243.

[14] Chao, M. C. H. , Kumar, V. The impact of institutional distance on the international diversity - performance relationship [J] . Journal of World Business, 2010, 45 (1): 93 -103.

[15] Chen, G. , Firth, M. , Gao, D. N. , Rui, O. M. Ownership structure, corporate governance, and fraud: Evidence from China [J] . Journal of Corporate Finance, 2006, 12 (3): 424 -448.

[16] Chen, N. Intra - national versus international trade in the European Union: Why do national borders matter? [J] . Journal of International Economics, 2004, 63 (1): 93 -118.

[17] Cheung, S. N. S. The contractual nature of the firm [J] . Journal of

Law and Economics, 1983, 26 (1): 1 -21.

[18] Clarke, J. E. , Tamaschke, R. , Liesch, P. W. International experience in international business research: A conceptualization and exploration of key themes [J] . International Journal of Management Reviews, 2013, 15 (3): 265 -279.

[19] Coase, R. H. The nature of the firm [J] . Economica, 1937, 4 (16): 386 -405.

[20] Coase, R. H. The problem of social cost [J] . Journal of Law and Economics, 1960 (3): 1 -44.

[21] Coeurderoy, R. , Murray, G. Regulatory environments and the location decision: Evidence from the early foreign market entries of new - technology - based firms [J] . Journal of International Business Studies, 2008, 39 (4): 670 -687.

[22] Cui, L. , Jiang, F. Behind ownership decision of Chinese outward FDI: Resources and institutions [J] . Asia Pacific Journal of Management, 2010, 27 (4): 751 -774.

[23] Daniele, V. , Marani, U. Organized crime, the quality of local institutions and FDI in Italy: A panel data analysis [J] . European Journal of Political Economy, 2011, 27 (1): 132 -142.

[24] Delgado - Gómez, J. M. , Ramírez - Alesón, M. , Espitia - Escuer, M. A. Intangible resources as a key factor in the internationalisation of Spanish firms [J] . Journal of Economic Behavior & Organization, 2004, 53 (4): 477 -494.

[25] Delios, A. , Henisz, W. J. Political hazards, experience, and sequential entry strategies: The international expansion of Japanese firms, 1980, 1998 [J] . Strategic Management Journal, 2003, 24 (11): 1153 -1164.

[26] Demirbag, M. , Glaister, K. W. Factors determining offshore location choice for R&D projects: A comparative study of developed and emerging regions [J] . Journal of Management Studies, 2010, 47 (8): 1534 -1560.

[27] Dikova, D. , Sahib, P. R. , van Witteloostuijn, A. Cross - border acqui-

sition abandonment and completion: The effect of institutional differences and organizational learning in the international business service industry, 1981 – 2001 [J]. Journal of International Business Studies, 2010, 41 (2): 223 – 245.

[28] DiMaggio, P. J., Powell, W. W. The iron cage revisited: Institutional isomorphism and collective rationality in organizational fields [J]. American Sociological Review, 1983, 48 (2): 147 – 160.

[29] Du, J., Lu, Y., Tao, Z. Economic institutions and FDI location choice: Evidence from US multinationals in China [J]. Journal of Comparative Economics, 2008, 36 (3): 412 – 429.

[30] Estrin, S., Baghdasaryan, D., Meyer, K. E. The impact of institutional and human resource distance on international entry strategies [J]. Journal of Management Studies, 2009, 46 (7): 1171 – 1196.

[31] Evans, J., Mavondo, F. T. Psychic distance and organizational performance: An empirical examination of international retailing operations [J]. Journal of International Business Studies, 2002, 33 (3): 515 – 532.

[32] Firth, M., Lin, C., Liu, P., Wong, S. M. L. Inside the black box: Bank credit allocation in China's private sector [J]. Journal of Banking & Finance, 2009, 33 (6): 1144 – 1155.

[33] Flores, R. G., Aguilera, R. V. Globalization and location choice: An analysis of US multinational firms in 1980 and 2000 [J]. Journal of International Business Studies, 2007, 38 (7): 1187 – 1210.

[34] Fortwengel, J. Understanding when MNCs can overcome institutional distance: A research agenda [J]. Management International Review, 2017, 57 (6): 793 – 814.

[35] Galan, J. I., Gonzúlez – Benito, J., Zuñiga – Vincente, J. A. Factors determining the location decisions of Spanish MNEs: An analysis based on the investment development path [J]. Journal of International Business Studies, 2007, 38 (6): 975 – 997.

[36] Gao, G. Y., Murray, J. Y., Kotabe, M., Lu, J. A "strategy tripod" perspective on export behaviors: Evidence from domestic and foreign firms based in an emerging economy [J]. Journal of International Business Studies, 2009, 41 (3): 377-396.

[37] García-Canal, E., Guillén, M. F. Risk and the strategy of foreign location choice in regulated industries [J]. Strategic Management Journal, 2008, 29 (10): 1097-1115.

[38] Gaur, A. S., Delios, A., Singh, K. Institutional environments, staffing strategies, and subsidiary performance [J]. Journal of Management, 2007, 33 (4): 611-636.

[39] Gaur, A. S., Lu, J. W. Ownership strategies and survival of foreign subsidiaries: Impacts of institutional distance and experience [J]. Journal of Management, 2007, 33 (1): 84-110.

[40] Ghemawat, P. Distance still matters: The hard reality of global expansion [J]. Harvard Business Review, 2001, 79 (8): 137-147.

[41] Gong, Y. Subsidiary staffing in multinational enterprises: Agency, resources, and performance [J]. Academy of Management Journal, 2003, 46 (6): 728-739.

[42] Greve, H. R. The effect of core change on performance: Inertia and regression toward the mean [J]. Administrative Science Quarterly, 1999, 44 (3): 590-614.

[43] Gu, Y., Filatotchev, I., Bell, R. G., Rasheed, A. A. Liability of foreignness in capital markets: Institutional distance and the cost of debt [J]. Journal of Corporate Finance, 2019 (57): 142-160.

[44] Guiso, L., Sapienza, P., Zingales, L. Does culture affect economic outcomes? [J]. Journal of Economic Perspectives, 2006, 20 (2): 23-48.

[45] Guler, I., Guillén, M. F. Institutions and the internationalization of US venture capital firms [J]. Journal of International Business Studies, 2010,

41 (2): 185 -205.

[46] Ha, H., Rothaermel, F. T. The effect of general and partner - specific alliance experience on joint R&D project performance [J]. Academy of Management Journal, 2005, 48 (2): 332 -345.

[47] Hannan, M. T., Freeman, J. The population ecology of organizations [J]. American Journal of Sociology, 1977, 82 (5): 929 -964.

[48] Heimeriks, K. H., Duysters, G. Alliance capability as a mediator between experience and alliance performance: An empirical investigation into the alliance capability development process [J]. Journal of Management Studies, 2007, 44 (1): 25 -49.

[49] Henisz, W. J. The institutional environment for multinational investment [J]. Journal of Law, Economics, and Organization, 2000, 16 (2): 334 -364.

[50] Henisz, W. J., Delios, A. Uncertainty, imitation, and plant location: Japanese multinational corporations, 1990 - 1996 [J]. Administrative Science Quarterly, 2001, 46 (3): 443 -475.

[51] Hennart, J. F., Larimo, J. The impact of culture on the strategy of multinational enterprises: Does national origin affect ownership decisions? [J]. Journal of International Business Studies, 1998, 29 (3): 515 -538.

[52] Hernández, V., Nieto, M. J., Boellis, A. The asymmetric effect of institutional distance on international location: Family versus nonfamily firms [J]. Global Strategy Journal, 2018, 8 (1): 22 -45.

[53] Hitt, M. A., Bierman, L., Uhlenbruck, K., Shimizu, K. The importance of resources in the internationalization of professional service firms: The good, the bad, and the ugly [J]. Academy of Management Journal, 2006, 49 (6): 1137 -1157.

[54] Hitt, M. A., Hoskisson, R. E., Kim, H. International diversification: Effects on innovation and firm performance in product - diversified firms

[J] . Academy of Management Journal, 1997, 40 (4): 767 -798.

[55] Hitt, M. A. , Tihanyi, L. , Miller, T. , Connelly, B. International diversification: Antecedents, outcomes, and moderators [J] . Journal of Management, 2006, 32 (6): 831 -867.

[56] Ho, M. H. W. , Ghauri, P. N. , Larimo, J. A. Institutional distance and knowledge acquisition in international buyer - supplier relationships: The moderating role of trust [J] . Asia Pacific Journal of Management, 2018, 35 (2): 427 -447.

[57] Hofstede, G. Culture' s consequences: National differences in thinking and organizing [M] . Beverly Hills, Calif. : Sage, 1980.

[58] Hofstede, G. National cultures in four dimensions: A research - based theory of cultural differences among nations [J] . International Studies of Management & Organization, 1983, 13 (1/2): 46 -74.

[59] Hofstede, G. Organizations and cultures: Software of the mind [M] . New York: McGraw - Hill, 1991.

[60] Hofstede, G. Culture' s consequences: Comparing values, behaviors, institutions, and organizations across cultures [M] . Thousand Oaks, CA: Sage, 2001.

[61] Hofstede, G. , Bond, M. H. The confucius connection: From cultural roots to economic growth [J] . Organizational Dynamics, 1988, 16 (4): 5 -21.

[62] Hornstein, A. S. Where a contract is signed determines its value: Chinese provincial variation in utilized vs. contracted FDI flows [J] . Journal of Comparative Economics, 2011, 39 (1): 92 -107.

[63] Ilhan - Nas, T. , Okan, T. , Tatoglu, E. , Demirbag, M. , Glaister, K. W. The effects of ownership concentration and institutional distance on the foreign entry ownership strategy of Turkish MNEs [J] . Journal of Business Research, 2018 (93): 173 -183.

[64] Inglehart, R. Changing values among western publics from 1970 to 2006 [J]. West European Politics, 2008, 31 (1-2): 130-146.

[65] Inglehart, R., Baker, W. E. Modernization, cultural change, and the persistence of traditional values [J]. American Sociological Review, 2000, 65 (1): 19-51.

[66] Johanson, J., Vahlne, J. E. The internationalization process of the firm-A model of knowledge development and increasing foreign market commitments [J]. Journal of International Business Studies, 1977, 8 (1): 25-34.

[67] Kang, Y., Jiang, F. FDI location choice of Chinese multinationals in east and southeast Asia: Traditional economic factors and institutional perspective [J]. Journal of World Business, 2012, 47 (1): 45-53.

[68] Keig, D. L., Brouthers, L. E., Marshall, V. B. The impact of formal and informal institutional distances on MNE corporate social performance [J]. International Business Review, 2019, 28 (5): 1-10.

[69] Khoury, T. A., Peng, M. W. Does institutional reform of intellectual property rights lead to more inbound FDI? Evidence from Latin America and the Caribbean [J]. Journal of World Business, 2011, 46 (3): 337-345.

[70] Kim, W. C., Hwang, P., Burgers, W. P. Multinationals' diversification and the risk-return tade-off [J]. Strategic Management Journal, 1993 (14): 275-286.

[71] Kogut, B. Designing global strategies: Comparative and competitive value added chains [J]. Sloan Management Review, 1985, 26 (4): 15-28.

[72] Kogut, B., Singh, H. The effect of national culture on the choice of entry mode [J]. Journal of International Business Studies, 1988, 19 (3): 411-432.

[73] Konara, P., Shirodkar, V. Regulatory institutional distance and MNCs' subsidiary performance: Climbing up vs. climbing down the institutional ladder [J]. Journal of International Management, 2018, 24 (4): 333-347.

[74] Kostova, T. Transnational transfer of strategic organizational prac-

tices: A contextual perspective [J]. Academy of Management Review, 1999, 24 (2): 308 - 324.

[75] Kostova, T., Roth, K. Adoption of an organizational practice by subsidiaries of multinational corporations: Institutional and relational effects [J]. Academy of Management Journal, 2002, 45 (1): 215 - 233.

[76] Kostova, T., Zaheer, S. Organizational legitimacy under conditions of complexity: The case of the multinational enterprise [J]. Academy of Management Review, 1999, 24 (1): 64 - 81.

[77] Krammer, S. M. S. A double - edged sword? The antipodal effects of institutional distance on partner selection in cross - border alliances [J]. Journal of World Business, 2018, 53 (6): 930 - 943.

[78] La Porta, R. Legal determinants of external finance [J]. Journal of Finance, 1997, 52 (3): 1131 - 1150.

[79] La Porta, R., Lopez - de - Silanes, F., Shleifer, A., Vishny, R. W. Law and finance [J]. Journal of Political Economy, 1998, 106 (6): 1113 - 1155.

[80] Li, H., Meng, L., Zhang, J. Why do entrepreneurs enter politics? Evidence from China [J]. Economic Inquiry, 2006, 44 (3): 559 - 578.

[81] Lu, J., Xu, B., Liu, X. The effects of corporate governance and institutional environments on export behaviour in emerging economies [J]. Management International Review, 2009, 49 (4): 455 - 478.

[82] Lu, J. W., Song, Y., Shan, M. Social trust in subnational regions and foreign subsidiary performance: Evidence from foreign investments in China [J]. Journal of International Business Studies, 2018, 49 (6): 761 - 773.

[83] Luo, Y. Product diversification in international joint ventures: Performance implications in an emerging market [J]. Strategic Management Journal, 2002, 23 (1): 1 - 20.

[84] Luo, Y. Are joint venture partners more opportunistic in a more volatile

environment? [J] . Strategic Management Journal, 2007, 28 (1): 39 -60.

[85] March, J. G., Olsen, J. P. The new institutionalism: Organizational factors in political life [J] . American Political Science Review, 1984, 78 (3): 734 -749.

[86] March, J. G., Olsen, J. P. Rediscovering institutions: The organizational basis of politics [M] . New York: Free Press, 1989.

[87] Martin, X., Salomon, R. M., Wu, Z. The institutional determinants of agglomeration: A study in the global semiconductor industry [J] . Industrial and Corporate Change, 2010, 19 (6): 1769.

[88] McCrae, R. R., Terracciano, A. Personality profiles of cultures: Aggregate personality traits [J] . Journal of Personality and Social Psychology, 2005, 89 (3): 407 -425.

[89] McDonald, M. L., Westphal, J. D., Graebner, M. E. What do they know? The effects of outside director acquisition experience on firm acquisition performance [J] . Strategic Management Journal, 2008, 29 (11): 1155 -1177.

[90] Meyer, J. W., Rowan, B. Institutionalized organizations: Formal structure as myth and ceremony [J] . American Journal of Sociology, 1977, 83 (2): 340 -363.

[91] Meyer, K. E., Nguyen, H. V. Foreign investment strategies and sub - national institutions in emerging markets: Evidence from Vietnam [J] . Journal of Management Studies, 2005, 42 (1): 63 -93.

[92] North, D. C. Structure and change in economic history [M] . New York: Norton, 1981.

[93] North, D. C. Institutions, institutional change, and economic performance [M] . Cambridge, New York: Cambridge University Press, 1990.

[94] North, D. C. Institutions [J] . Journal of Economic Perspectives, 1991, 5 (1): 97 -112.

[95] North, D. C. Economic performance through time [J] . American

Economic Review, 1994, 84 (3): 359 - 368.

[96] North, D. C., Thomas, R. P., Shneidman, J. L. The rise of the western world: A new economic history [J]. History: Reviews of New Books, 1973, 2 (2): 38.

[97] Oxley, J. E., Yeung, B. E - commerce readiness: Institutional environment and international competitiveness [J]. Journal of International Business Studies, 2001, 32 (4): 705 - 723.

[98] Parsley, D. C., Wei, S. J. Convergence to the law of one price without trade barriers or currency fluctuations [J]. The Quarterly Journal of Economics, 1996, 111 (4): 1211 - 1236.

[99] Pattnaik, C., Soonkyoo, C. Do institutional quality and institutional distance impact subsidiary performance? [C] //Academy of management annual meeting. Academy of Management, 2007: 1 - 6.

[100] Peng, M., Ahlstrom, D., Carraher, S., Shi, W. An institution - based view of global IPR history [J]. Journal of International Business Studies, 2017, 48 (7): 893 - 907.

[101] Peng, M., Luo, Y. Managerial ties and firm performance in a transition economy: The nature of a micro - macro link [J]. Academy of Management Journal, 2000, 43 (3): 486 - 501.

[102] Peng, M., Sun, S., Pinkham, B., Chen, H. The institution - based view as a third leg for a strategy tripod [J]. Academy of Management Perspectives, 2009, 23 (3): 63 - 81.

[103] Peng, M. W. Towards an institution - based view of business strategy [J]. Asia Pacific Journal of Management, 2002, 19 (2): 251 - 267.

[104] Peng, M. W. Institutional transitions and strategic choices [J]. Academy of Management Review, 2003, 28 (2): 275 - 296.

[105] Peng, M. W., Heath, P. S. The growth of the firm in planned economies in transition: Institutions, organizations, and strategic choice [J].

Academy of Management Review, 1996, 21 (2): 492 - 528.

[106] Peng, M. W., Lee, S. H., Wang, D. Y. L. What determines the scope of the firm over time? A focus on institutional relatedness [J]. Academy of Management Review, 2005, 30 (3): 622 - 633.

[107] Peng, M. W., Wang, D. Y. L., Jiang, Y. An institution - based view of international business strategy: A focus on emerging economies [J]. Journal of International Business Studies, 2008, 39 (5): 920 - 936.

[108] Phillips, N., Tracey, P., Karra, N. Rethinking institutional distance: Strengthening the tie between new institutional theory and international management [J]. Strategic Organization, 2009, 7 (3): 339 - 348.

[109] Porter, M. E. The competitive advantage of nations [M]. New York: Free Press, 1998a.

[110] Porter, M. E. Competitive strategy: Techniques for analyzing industries and competitors [M]. New York: Free Press, 1998b.

[111] Pothukuchi, V., Damanpour, F., Choi, J., Chen, C. C., Park, S. H. National and organizational culture differences and international joint venture performance [J]. Journal of International Business Studies, 2002, 33 (2): 243 - 265.

[112] Powell, W. W., DiMaggio, P. J. The new institutionalism in organizational analysis [M]. Chicago: University of Chicago Press, 1991.

[113] Prahalad, C. K., Hamel, G. The core competence of the corporation [J]. Harvard Business Review, 1990, 68 (3): 79 - 91.

[114] Qian, G., Khoury, T. A., Peng, M. W., Qian, Z. The performance implications of intra - and inter - regional geographic diversification [J]. Strategic Management Journal, 2010, 31 (9): 1018 - 1030.

[115] Qian, G., Li, L., Li, J., Qian, Z. Regional diversification and firm performance [J]. Journal of International Business Studies, 2008, 39 (2): 197 - 214.

［116］ Ramsey, J. R. The role of other orientation on the relationship between institutional distance and expatriate adjustment ［J］ . Journal of International Management, 2005, 11 (3): 377 -396.

［117］ Ruiter, S. , van Tubergen, F. Religious attendance in cross - national perspective: A multilevel analysis of 60 countries ［J］ . American Journal of Sociology, 2009, 115 (3): 863 -895.

［118］ Rumelt, R. P. , Teece, D. J. Fundamental issues in strategy: A research agenda ［M］ . Boston: Harvard Business Press, 1994.

［119］ Sarkar, M. B. , Echambadi, R. A. J. , Harrison, J. S. Alliance entrepreneurship and firm market performance ［J］ . Strategic Management Journal, 2001, 22 (6/7): 701.

［120］ Schwens, C. , Eiche, J. , Kabst, R. The moderating impact of informal institutional distance and formal institutional risk on SME entry mode choice ［J］ . Journal of Management Studies, 2011, 48 (2): 330 -351.

［121］ Scott, W. R. The adolescence of institutional theory ［J］ . Administrative Science Quarterly, 1987, 32 (4): 493 -511.

［122］ Scott, W. R. Institutions and organizations ［M］ Thousand Oaks, CA. : Sage Publications, Inc. , 1995.

［123］ Scott, W. R. Institutions and organizations ［M］ . Sage Publications, Inc. , 2001.

［124］ Seung Ho, P. , Li, S. , Tse, D. K. Market liberalization and firm performance during China' s economic transition ［J］ . Journal of International Business Studies, 2006, 37 (1): 127 -147.

［125］ Shirodkar, V. , Konara, P. Institutional distance and foreign subsidiary performance in emerging markets: Moderating effects of ownership strategy and host - country experience ［J］ . Management International Review, 2017, 57 (2): 179 -207.

［126］ Slangen, A. H. L. , Hennart, J. F. Do multinationals really prefer to enter culturally distant countries through greenfields rather than through acquisitions? The role of parent experience and subsidiary autonomy [J]. Journal of International Business Studies, 2008, 39 (3): 472 - 490.

[127] Tallman, S., Li, J. Effects of international diversity and product diversity on the performance of multinational firms [J]. Academy of Management Journal, 1996 (39): 179 - 196.

[128] Tanriverdi˙, H. N., Lee, C. H. Within - industry diversification and firm performance in the presence of network externalities: Evidence from the software industry [J]. Academy of Management Journal, 2008, 51 (2): 381 - 397.

[129] Tolbert, P. S., Zucker, L. G. Institutional sources of change in the formal structure of organizations: The diffusion of civil service reform, 1880 - 1935 [J]. Administrative Science Quarterly, 1983, 28 (1): 22 - 39.

[130] Trapczyński, P., Halaszovich, T. F., Piaskowska, D. The role of perceived institutional distance in foreign ownership level decisions of new MNEs [J]. Journal of Business Research, 2019, Publish online: 1 - 15.

[131] Tseng, C. H., Tansuhaj, P., Hallagan, W., McCullough, J. Effects of firm resources on growth in multinationality [J]. Journal of International Business Studies, 2007, 38 (6): 961 - 974.

[132] Van de Vliert, E. Climatoeconomic roots of survival versus self - expression cultures [J]. Journal of Cross - Cultural Psychology, 2007, 38 (2): 156 - 172.

[133] Venkatraman, N., Prescott, J. E. The market share - profitability relationship: Testing temporal stability across business cycles [J]. Journal of Management, 1990, 16 (4): 783 - 805.

[134] Wan, W. P., Hoskisson, R. E. Home country environments, corporate diversification strategies, and firm performance [J]. Academy of Management Journal, 2003, 46 (1): 27 - 45.

[135] Wang, H., Qian, C. Corporate philanthropy and corporate finan-

cial performance: The roles of stakeholder response and political access [J]. Academy of Management Journal, 2011, 54 (6): 1159 - 1181.

[136] Wang, Q., Wong, T. J., Xia, L. State ownership, the institutional environment, and auditor choice: Evidence from China [J]. Journal of Accounting & Economics, 2008, 46 (1): 112 - 134.

[137] Wen, M. Foreign direct investment, regional market conditions and regional development [J]. Economics of Transition, 2007, 15 (1): 125 - 151.

[138] Wernerfelt, B. A resource - based view of the firm [J]. Strategic Management Journal, 1984, 5 (2): 171 - 180.

[139] White, R., Tadesse, B. Cultural distance and the US immigrant - trade link [J]. The World Economy, 2008, 31 (8): 1078 - 1096.

[140] Willamson, O. E. Markets and hierarchies: Analysis and antitrust implications [M]. New York: Free Press, 1975.

[141] Williamson, O. E. Markets and hierarchies: Some elementary considerations [J]. American Economic Review, 1973, 63 (2): 316 - 325.

[142] Williamson, O. E. The economic intstitutions of capitalism [M]. Mason: Free Press, 1985.

[143] Wooldridge, J. M. Introductory econometrics: A modern approach [M]. Mason: South - Western, 2005.

[144] Xu, D., Pan, Y., Beamish, P. W. The effect of regulative and normative distances on MNE ownership and expatriate strategies [J]. Management International Review (MIR), 2004, 44 (3): 285 - 307.

[145] Xu, D., Shenkar, O. Institutional distance and the multinational enterprise [J]. Academy of Management Review, 2002, 27 (4): 608 - 618.

[146] Yang, X., Jiang, Y., Kang, R., Ke, Y. A comparative analysis of the internationalization of Chinese and Japanese firms [J]. Asia Pacific Journal of Management, 2009, 26 (1): 141 - 162.

[147] Zaheer, S., Zaheer, A. Country effects on information seeking in

global electronic networks [J] . Journal of International Business Studies, 1997, 28 (1): 77-100.

[148] Zucker, L. G. The role of institutionalization in cultural persistence [J] . American Sociological Review, 1977, 42 (5): 726-743.

[149] Zucker, L. G. Institutional theories of organization [J] . Annual Review of Sociology, 1987 (13): 443-464.

[150] 蔡卫星. 分支机构市场准入放松、跨区域经营与银行绩效 [J]. 金融研究, 2016 (6): 127-141.

[151] 曹春方, 周大伟, 吴澄澄, 张婷婷. 市场分割与异地子公司分布 [J]. 管理世界, 2015 (9): 92-103.

[152] 曹芳. 产业多元化、地域多元化与管理层薪酬 [D]. 广州: 暨南大学, 2008.

[153] 曹正汉. 从借红帽子到建立党委——温州民营大企业的成长道路及组织结构之演变 [J]. 中国制度变迁的案例研究, 2006 (10): 81-140.

[154] 陈怀超, 范建红. 制度距离构成维度的厘定和量表开发 [J]. 管理评论, 2014, 26 (9): 69-77.

[155] 陈怀超, 范建红, 牛冲槐. 基于制度距离的中国跨国公司进入战略选择: 合资还是独资? [J]. 管理评论, 2013, 25 (12): 98-111.

[156] 陈敏, 桂琦寒, 陆铭, 陈钊. 中国经济增长如何持续发挥规模效应? ——经济开放与国内商品市场分割的实证研究 [J]. 经济学 (季刊), 2007 (1).

[157] 陈苏. 制度距离对跨境风险投资绩效的影响——基于中国市场的实证检验 [J]. 财经问题研究, 2017 (7): 34-42.

[158] 陈晓萍, 徐淑英, 樊景立. 组织与管理研究的实证方法 [M]. 北京: 北京大学出版社, 2008.

[159] 陈信元, 黄俊. 政府干预、多元化经营与公司业绩 [J]. 管理世界, 2007 (1): 92-97.

[160] 陈信元, 朱红军, 何贤杰. 金融发展、预算软约束与企业投资

[J]. 会计研究, 2006 (10): 64-71.

[161] 程仲鸣, 夏新平, 余明桂. 政府干预、金字塔结构与地方国有上市公司投资 [J]. 管理世界, 2008 (9): 37-47.

[162] 邓可斌, 丁菊红. 政府干预、自然资源与经济增长: 基于中国地区层面的研究 [J]. 南开经济研究, 2007 (3): 19-31.

[163] 邓子梁, 原晓惠. 制度距离对银行海外经营效率的影响: 基于"一带一路"沿线国家外资银行的实证分析 [J]. 中国软科学, 2018 (4): 43-53.

[164] 丁烈云, 刘荣英. 制度环境、股权性质与高管变更研究 [J]. 管理科学, 2008, 21 (6): 47-56.

[165] 樊纲, 王小鲁. 中国市场化指数——各地区市场化相对进程报告 (2000 年) [M]. 北京: 经济科学出版社, 2001.

[166] 樊纲, 王小鲁, 朱恒鹏. 中国市场化指数: 各地区市场化相对进程 2011 年报告 [M]. 北京: 经济科学出版社, 2011.

[167] 范爱军, 李真, 刘小勇. 国内市场分割及其影响因素的实证分析——以我国商品市场为例 [J]. 南开经济研究, 2007 (5): 111-119.

[168] 范香梅, 邱兆祥, 张晓云. 我国中小银行地域多元化风险与收益的实证分析 [J]. 管理世界, 2010 (10): 171-173.

[169] 方颖, 赵扬. 寻找制度的工具变量: 估计产权保护对中国经济增长的贡献 [J]. 经济研究, 2011 (5): 138-148.

[170] 冯天丽, 井润田. 制度环境与私营企业家政治联系意愿的实证研究 [J]. 管理世界, 2009 (8): 81-91.

[171] 高丹雪, 张鸿, 仲为国. 慈善捐赠与企业区域扩张 [J]. 经济管理, 2018, 40 (12): 55-71.

[172] 高雷, 何少华, 仪垂林. 国家控制、政府干预、银行债务与资金侵占 [J]. 金融研究, 2006 (6): 90-98.

[173] 葛菲, 贺小刚. 生产制造还是资本投资? 中国工业企业国际创业资本的流向——基于制度距离的解释 [J]. 管理世界, 2017 (11):

112 - 124.

[174] 桂琦寒，陈敏，陆铭，陈钊．中国国内商品市场趋于分割还是整合：基于相对价格法的分析［J］．世界经济，2006（2）：20 - 30.

[175] 郭苏文，黄汉民．制度距离对我国外向 FDI 的影响——基于动态面板模型的实证研究［J］．国际经贸探索，2010（11）：21 - 26.

[176] 郭毅，徐莹，陈欣．新制度主义：理论评述及其对组织研究的贡献［J］．社会，2007（1）：14 - 40.

[177] 国家税务总局．跨地区经营汇总纳税企业所得税征收管理暂行办法［J］．财会月刊，2008（13）：75 - 76.

[178] 洪名勇．初始条件、市场化改革与区域经济非均衡增长的实证研究［J］．中国软科学，2004（5）：118 - 122.

[179] 黄俊，张天舒．制度环境、企业集团与经济增长［J］．金融研究，2010（6）：91 - 102.

[180] 黄新飞，舒元，徐裕敏．制度距离与跨国收入差距［J］．经济研究，2013，48（9）：4 - 16.

[181] 贾良定，张君君，钱海燕，崔荣军，陈永霞．企业多元化的动机、时机和产业选择——西方理论和中国企业认识的异同研究［J］．管理世界，2005（8）：94 - 104.

[182] 蒋春燕，赵曙明．公司企业家精神制度环境的地区差异——15个国家高新技术产业开发区企业的实证研究［J］．经济科学，2010（6）：101 - 114.

[183] 解维敏，方红星．金融发展、融资约束与企业研发投入［J］．金融研究，2011（5）：171 - 183.

[184] 金祥荣，茹玉骢，吴宏．制度、企业生产效率与中国地区间出口差异［J］．管理世界，2008（11）：65 - 77.

[185] 李璐男，李志萍．文化距离、制度距离对跨境风险投资进入模式的影响［J］．软科学，2017，31（9）：16 - 19.

[186] 李维安，徐业坤．政治关联形式、制度环境与民营企业生产率

[J]. 管理科学, 2012 (2): 1-12.

[187] 李玉刚, 毛鑫鑫, 陈琳. 制度距离对中国企业跨国收购股权选择的影响 [J]. 亚太经济, 2017 (1): 127-137.

[188] 李元旭, 罗佳. 文化距离、制度距离与跨境电子商务中的感知风险 [J]. 财经问题研究, 2017 (3): 106-114.

[189] 李元旭, 宋渊洋. 地方政府通过所得税优惠保护本地企业吗? [J]. 中国工业经济, 2011 (5): 149-159.

[190] 李增泉, 辛显刚, 于旭辉. 金融发展、债务融资约束与金字塔结构——来自民营企业集团的证据 [J]. 管理世界, 2008 (1): 123-135.

[191] 刘凤委, 孙铮, 李增泉. 政府干预、行业竞争与薪酬契约——来自国有上市公司的经验证据 [J]. 管理世界, 2007 (9): 76-84, 128.

[192] 刘璐, 杨蕙馨. 制度距离对中国上市公司跨国并购绩效的影响——国际经验与知识吸收能力的中介作用 [J]. 科技进步与对策, 2018, 35 (5): 113-119.

[193] 刘小勇, 李真. 财政分权与地区市场分割实证研究 [J]. 财经研究, 2008 (2).

[194] 卢峰, 姚洋. 金融压抑下的法治、金融发展和经济增长 [J] 中国社会科学, 2004 (1): 42-55.

[195] 陆铭, 陈钊. 分割市场的经济增长——为什么经济开放可能加剧地方保护? [J]. 经济研究, 2009 (3): 42-52.

[196] 倪鹏飞. 中国城市竞争力报告 [M]. 北京: 社会科学文献出版社, 2004, 2005.

[197] 潘红波, 夏新平, 余明桂. 政府干预、政治关联与地方国有企业并购 [J]. 经济研究, 2008, 4 (1): 41-52.

[198] 潘文安. 进入模式、区域产业环境以及经营特性对中小企业跨区域经营绩效影响——基于浙商的实证研究 [J]. 商业经济与管理, 2015 (5): 50-58.

[199] 潘镇. 制度距离与外商直接投资——一项基于中国的经验研究

［J］. 财贸经济，2006a（6）：44－49.

［200］潘镇. 制度质量、制度距离与双边贸易［J］. 中国工业经济，2006b（7）：45－52.

［201］潘镇，殷华方，鲁明泓. 制度距离对于外资企业绩效的影响——一项基于生存分析的实证研究［J］. 管理世界，2008（7）：103－105.

［202］邱兆祥，范香梅. 中小银行地域多元化问题研究述评［J］. 经济学动态，2009（6）：120－125.

［203］沈红波，寇宏，张川. 金融发展、融资约束与企业投资的实证研究［J］. 中国工业经济，2010（6）：55－64.

［204］世界银行. 中国政府治理、投资环境与和谐社会：中国120个城市竞争力的提高［R］. 世界银行，2006.

［205］宋铁波，吴小节，汪秀琼. 制度差异、企业跨区域经营经验与市场进入模式［J］. 管理评论，2016，28（4）：166－177.

［206］宋渊洋. 制度距离、制度相对发展水平与服务企业国内跨地区经营战略——来自中国证券业的经验证据［J］. 南开管理评论，2015（3）：60－70.

［207］宋渊洋，单蒙蒙. 市场分割、企业经营效率与出口增长［J］. 上海经济研究，2013（4）：39－49.

［208］宋渊洋，黄礼伟. 为什么中国企业难以国内跨地区经营？［J］. 管理世界，2014（12）：115－133.

［209］宋渊洋，李元旭. 控股股东决策控制、CEO激励与企业国际化战略［J］. 南开管理评论，2010（4）：4－13.

［210］宋渊洋，李元旭. 制度环境多样性、跨地区经营经验与服务企业产品市场绩效［J］. 南开管理评论，2013（1）：70－82.

［211］宋渊洋，李元旭，王宇露. 企业资源、所有权性质与国际化程度［J］. 管理评论，2011（2）：53－59.

［212］宋渊洋，刘勰. 中国各地区制度环境测量的最新进展与研究展望［J］. 管理评论，2015（2）：3－12.

［213］唐松，杨勇，孙铮．金融发展、债务治理与公司价值——来自中国上市公司的经验证据［J］．财经研究，2009（6）：4－16，96.

［214］唐雪松，周晓苏，马如静．政府干预、GDP增长与地方国企过度投资［J］．金融研究，2010（8）：33－48.

［215］万华林，陈信元．治理环境、企业寻租与交易成本——基于中国上市公司非生产性支出的经验证据［J］．经济学（季刊），2010（2）：553－570.

［216］王晓健．中国企业地域多元化的控制机制研究：信息技术能力的视角［D］．广州：华南理工大学，2010.

［217］王延明．上市公司所得税负担研究——来自规模、地区和行业的经验证据［J］．管理世界，2003（1）：115－122.

［218］魏建国，叶桦，杜伟岸．证券投资学［M］．北京：高等教育出版社，2008.

［219］温忠麟，张雷，侯杰泰，刘红云．中介效应检验程序及其应用［J］．心理学报，2004，36（5）：614－620.

［220］文淑惠，胡琼．制度距离、相邻效应与中国对中南半岛国家的直接投资［J］．国际商务，2019（3）：32－45.

［221］巫景飞，何大军，林王云．高层管理者政治网络与企业多元化战略：社会资本视角——基于我国上市公司面板数据的实证分析［J］．管理世界，2008（8）：107－118.

［222］吴瑞兵．制度距离、OFDI逆向技术溢出与母国技术进步［J］．统计与决策，2019，35（9）：136－140.

［223］吴文锋，吴冲锋，芮萌．中国上市公司高管的政府背景与税收优惠［J］．管理世界，2009（3）：134－142.

［224］吴晓云，陈怀超．基于制度距离的跨国公司知识转移研究［J］．经济问题探索，2011（9）：17－23.

［225］吴晓云，陈怀超．制度距离在国际商务中的应用：研究脉络梳理与未来展望［J］．管理评论，2013，25（4）：12－22.

［226］吴一平，芮萌．地区腐败、市场化与中国经济增长［J］．管理世界，2010（11）：10－17.

［227］夏立军，方轶强．政府控制、治理环境与公司价值［J］．经济研究，2005（5）：40－51.

［228］肖作平．所有权和控制权的分离度、政府干预与资本结构选择——来自中国上市公司的实证证据［J］．南开管理评论，2010（5）：144－152.

［229］谢平，陆磊．中国金融腐败的经济学分析：体制、行为与机制设计［M］．北京：中信出版社，2005.

［230］辛清泉，谭伟强．市场化改革、企业业绩与国有企业经理薪酬［J］．经济研究，2009（11）：68－81.

［231］徐明霞，汪秀琼，王欢．基于制度基础观的企业区域多元化进入模式研究述评［J］．外国经济与管理，2010（9）：23－29.

［232］徐笑君．文化差异对美资跨国公司总部知识转移影响研究［J］．科研管理，2010（4）：49－58.

［233］许家云，周绍杰，胡鞍钢．制度距离、相邻效应与双边贸易——基于"一带一路"国家空间面板模型的实证分析［J］．财经研究，2017，43（1）：75－85.

［234］薛求知，帅佳旖．制度距离、经验效应与对外直接投资区位选择——以中国制造业上市公司为例［J］．中国流通经济，2019，33（8）：80－90.

［235］薛有志，刘鑫．国外制度距离研究现状探析与未来展望［J］．外国经济与管理，2013，35（3）：28－36.

［236］薛有志，周杰．产品多元化、国际化与公司绩效——来自中国制造业上市公司的经验证据［J］．南开管理评论，2007（3）：77－86.

［237］阎大颖．国际经验、文化距离与中国企业海外并购的经营绩效［J］．经济评论，2009（1）：83－92.

［238］阎大颖．制度距离、国际经验与中国企业海外并购的成败问题

研究［J］. 南开经济研究，2011（5）：75－97.

［239］杨灿明，孙群力. 外部风险对中国地方政府规模的影响［J］. 经济研究，2008（9）：115－121.

［240］杨洁，夏新平，胥朝阳. 基于中国上市公司的政府干预、金融市场化与法人股价值研究［J］. 管理学报，2009，6（7）：952－956.

［241］杨晓东. 城市商业银行跨区域经营问题研究［D］. 天津：南开大学，2010.

［242］杨亚平，高玥. “一带一路”沿线国家的投资选址——制度距离与海外华人网络的视角［J］. 经济学动态，2017（4）：41－52.

［243］杨忠敏，杨小辉，王玉. 知识产权制度距离与外向对外直接投资——以“一带一路”沿线国家为例［J］. 科研管理，2019，40（5）：193－202.

［244］衣长军，徐雪玉，刘晓丹，王玉敏. 制度距离对 OFDI 企业创新绩效影响研究：基于组织学习的调节效应［J］. 世界经济研究，2018（5）：112－122.

［245］殷华方，鲁明泓. 文化距离和国际直接投资流向：S 型曲线假说［J］. 南方经济，2011（1）：26－38.

［246］余东华，刘运. 地方保护和市场分割的测度与辨识——基于方法论的文献综述［J］. 世界经济文汇，2009（1）.

［247］余明桂，潘红波. 政治关系、制度环境与民营企业银行贷款［J］. 管理世界，2008（8）：9－21.

［248］余明桂，潘红波. 政府干预、法治、金融发展与国有企业银行贷款［J］. 金融研究，2009（9）：1－22.

［249］余明桂，潘红波. 金融发展、商业信用与产品市场竞争［J］. 管理世界，2010（8）：117－129.

［250］袁知柱，鞠晓峰. 制度环境、公司治理与股价信息含量［J］. 管理科学，2009，22（1）：17－29.

［251］张洪辉，王宗军. 政府干预、政府目标与国有上市公司的过度

投资［J］. 南开管理评论，2010（3）：101－108.

［252］张杰，张培丽，黄泰岩. 市场分割推动了中国企业出口吗?［J］. 经济研究，2010（10）：29－41.

［253］张璟，沈坤荣. 地方政府干预、区域金融发展与中国经济增长方式转型——基于财政分权背景的实证研究［J］. 南开经济研究，2009（6）：122－141.

［254］张军，金煜. 中国的金融深化和生产率关系的再检测：1987—2001［J］. 经济研究，2005（11）：34－45.

［255］张敏，童丽静，张珂源. 政治资源有助于城市商业银行“走出去”吗——来自城商行跨区域经营的经验证据［J］. 系统工程理论与实践，2018，38（4）：873－884.

［256］张鸣，田野，陈全. 制度环境、审计供求与审计治理——基于我国证券市场中审计师变更问题的实证分析［J］. 会计研究，2012（5）：77－85.

［257］张瑞良. 中国对“一带一路”沿线国家 OFDI 区位选择研究——基于制度距离视角［J］. 山西财经大学学报，2018，40（3）：25－38.

［258］张天舒，张人骥，黄俊. 产权保护、业务变更与企业绩效［J］. 经济管理，2010（6）：61－68.

［259］赵奇伟. 东道国制度安排、市场分割与 FDI 溢出效应：来自中国的证据［J］. 经济学（季刊），2009（3）.

［260］郑志刚，邓贺斐. 法律环境差异和区域金融发展——金融发展决定因素基于我国省级面板数据的考察［J］. 管理世界，2010（6）：14－27.

［261］中国证券业协会. 证券市场基础知识［M］. 北京：中国财政经济出版社，2009.

［262］钟士取. 温州市中小企业融资及民间融资现状的调查［J］. 金融发展评论，2011（7）：114－117.

［263］周经，张利敏. 制度距离、强效制度环境与中国跨国企业对外投资模式选择［J］. 国际贸易问题，2014（11）：99－108.

［264］周立，王子明．中国各地区金融发展与经济增长实证分析：1978－2000［J］．金融研究，2002，10（14）：137－177.

［265］周伟，谢诗蕾．中国上市公司持有高额现金的原因［J］．世界经济，2007（3）：67－74.

［266］周雪光．西方社会学关于中国组织与制度变迁研究状况述评［J］．社会学研究，1999（4）：26－43.

［267］周雪光．组织社会学十讲［M］．北京：社会科学文献出版社，2003.

［268］周业安，赵坚毅．我国金融市场化的测度、市场化过程和经济增长［J］．金融研究，2005（4）：68－78.

［269］朱凯，潘怡麟，张舒怡，陈信元．管制下的市场分割与租值耗散——基于企业集团跨地区经营的视角［J］．财经研究，2019，45（4）：4－16.

后记

本书是国家自然科学基金项目（71772062、71302040）的阶段性成果，也是在我博士论文基础上所做的进一步研究。从发表第一篇关于企业国内跨地区经营的论文《制度环境多样性、跨地区经营经验与服务企业产品市场绩效》算起（2013 年发表于《南开管理评论》），我已经在企业国内跨地区经营这一研究领域探索了近七年。回顾自己在研究道路上长达七年的求索，首先要感谢华东理工大学商学院工商管理系的全体教师。在本科期间，他们通过授课和平时交流让我对研究有了初步认识，使我很早就下定决心从事研究工作。尤其是郭毅教授和李玉刚教授，他们很早就在国内推广制度理论和制度基础观，让我有机会接触到研究使用的理论基础，使本书的开展成为可能。

关于企业国内跨地区经营方面的研究和探索，大部分是在复旦大学管理学院攻读硕士和博士期间开展的。在复旦大学，有更多的老师、同学和朋友需要感谢。首先要感谢李元旭教授，他是我在人生和学术等方面的导师。能认识李老师，有幸在李老师的指导下度过硕士和博士阶段的学习生活是我毕生的荣幸。李老师不仅在学习和学术上给予了我许多指导，还在为人处世等方面不断地帮助我，使我能够获得更为全面的发展。李老师拥有无比宽广的胸怀、精益求精的学术精神和朴实的生活作风，并且一直乐于助人，这些都是值得我学习的。李元旭老师指导的其他同学也给予了我大量指导和帮助，在此表示感谢。

在研究和写作期间我还得到了复旦大学管理学院薛求知老师、许晓明老师、苏勇老师、吕长江老师、唐跃军老师、梁晓雅老师、彭贺老师和曾成桦老师的许多指导。另外，在进行本项研究期间我还得到了吕文珍老师、张燕老师、张华老师、丁远老师、王宇露老师、陆亚东老师和徐淑英老师的指导和帮助，在此感谢他们在百忙中抽空指导。特别感谢我的硕士研究生戎珊细心地阅读和润色书稿。

借本书出版之际，特别感谢父亲宋可武和母亲邓金翠的养育和教诲。为了给我提供更好的成长环境，父亲很早就离开湖南到深圳探索发展之路，直至在深圳定居。在这个过程中，父亲无惧艰难困苦的勇气很好地遗传给了我，使我有了不惧困难勇往直前的勇气。在此，要感谢父母，是他们用毕生精力为我铸就成长阶梯。还要感谢弟弟宋小平，有一个兄弟与我分享人生旅途的种种真是人生最大的幸福之一。特别感谢我的妻子张佩丽近十五年来的支持、体贴和理解，岳父张建法和岳母储林妹在生活方面无微不至的照顾，以及儿子宋丘和张立心带给我无尽的欢乐和成长体悟。没有他们的支持和鼓励，我很难在研究的道路上坚持到今天。

最后，我非常庆幸自己生活在一个激动人心的时代，也一直希望为推动时代发展贡献自己的微薄之力。随着中国经济的持续增长，中国企业正成为各行业的领导者，中国管理现象正得到世界各国越来越多研究者的关注。可以预见，中国元素会越来越多地进入国际主流研究范式和人类管理思想宝库。近水楼台先得月，中国学者在研究中国管理现象方面有比较优势，会在国际管理学界发挥越来越重要的作用。关注中国管理现象，探索这些现象的成因和发展趋势，增进全球对中国管理现象的理解，为企业和政府决策提供理论支撑是我毕生的事业。生活于这样波澜壮阔的时代，人生之大幸也！

展望未来，路漫漫其修远兮，我将继续努力！

宋渊洋

2019 年秋于华东理工大学